Dienst am Wort

Die Reihe für Gottesdienst und Gemeindearbeit

83
Die Wochensprüche

Verlag Vandenhoeck & Ruprecht
in Göttingen

Die Wochensprüche

Andachten

Herausgegeben von
Manfred Kock

Verlag Vandenhoeck & Ruprecht
in Göttingen

Die Deutsche Bibliothek – CIP-Einheitsaufnahme

Die Wochensprüche: Andachten / hrsg. von Manfred Kock. –
Göttingen: Vandenhoeck und Ruprecht, 1999
(Dienst am Wort; 83)
ISBN 3-525-59347-3

Umschlagabbildung:
Seccomalerei, 2. Hälfte des 15. Jahrhunderts, St. Albani, Göttingen,
Foto: Dieter Nehls (Ausschnitt)

Satz: Dörlemann Satz, Lemförde
Druck und Bindearbeit: Hubert & Co., Göttingen

Inhalt

Zum Geleit

Menschen aus den Leitungen sämtlicher Gliedkirchen der Evangelischen Kirche in Deutschland sowie den ihr nahestehenden deutschsprachigen Kirchen in Österreich, Siebenbürgen, Brasilien und Rußland haben sich an der Sammlung dieser Auslegungen der Wochensprüche beteiligt. Allein diese Tatsache vermittelt schon eine Botschaft. Zum einen geht das Hören auf Gottes Wort, auf seine Weisung allem Reden und Tun in unseren Kirchen voraus. Es ist Licht auf dem Weg. Zum anderen bildet es das gemeinsame Fundament für Kirchen in sehr unterschiedlichen Situationen.

Es wartet auf unsere Antwort, die wir auf vielfältige Weise mit unserem Leben in unseren Kirchen geben.

Düsseldorf, im Oktober 1998

Manfred Kock
Ratsvorsitzender der EKD

1. Sonntag im Advent

Siehe, dein König kommt zu dir,
ein Gerechter und ein Helfer.

Sacharja 9,9

Nachdem es sich mit Ton und Bild in den Medien, mit Dekorationen auf den Straßen und in den Schaufenstern und in Bergen von Postwurfreklame längst angekündigt hat, geht es nun mit dem 1. Advent auch offiziell so richtig los. Weihnachten mit allem Drum und Dran. Oder, wie man es heute gerne sagt: Weihnachten pur. Fast vier Wochen lang. Das große Geschäft aber macht niemand ohne den großen Streß. Erschöpfung hier, Leere dort.

Und Hoffnung. Erinnerung an allzu oft Vergessenes und Verdrängtes. So könnte, so müßte es sein in dieser Zeit und danach: daß einer zu Hilfe käme den aktiv Erschöpften und den passiv Vereinsamten im Getriebe des Lebens. Und daß es gerecht zuginge. Nicht alles den einen und nichts den anderen. Wir könnten miteinander teilen. So müßte es sein. So brauchten wir es jetzt.

Hinter allem Glitzern und Blinken, hinter allem Dunkel und Verstummten lauert die Hoffnung, daß die alte Botschaft im Advent gelten könnte:

Siehe, dein König kommt zu dir,
ein Gerechter und ein Helfer.

Die Christen im Lande wollen und sollen es auch in diesem Jahr wieder sich selber sagen lassen und anderen kundtun, was gilt, wenn wir es nur gelten ließen: Gott selber ist unterwegs zu uns, um uns zu helfen mit seiner Liebe, die allen gilt. *So* ist seine Gerechtigkeit: helfende Liebe für alle – ohne Unterschied. Und das nicht irgendwo in den Wolken, sondern mitten unter uns – bis in den verkommensten Winkel:

»Ein Gerechter und ein Helfer, arm und reitet auf einem Esel.«

GEBET: Darum bitten wir dich,
lieber himmlischer Vater,
daß du uns in allem Getriebe,
aber auch in der eigenen Einsamkeit
dieser Adventszeit nicht allein läßt.
Oft wissen wir nicht, wie wir mit deinem
Kommen umgehen sollen.
Hilf du uns selber, daß wir auf deine Nähe
zu vertrauen lernen. Wir brauchen deine Hilfe.
Die ganze Welt braucht sie.
Darum bitten wir: Komm du, Herr Jesus. Amen.

LIED: Wie soll ich dich empfangen (EG 11)

Christian Krause

2. Sonntag im Advent

Seht auf und erhebt eure Häupter,
weil sich eure Erlösung naht.

Lukas 21,28

Wie andere Lesungen, Gebete und Lieder der Adventszeit lenkt dieses Wort unseren Blick in die Zukunft, weit über das bevorstehende Weihnachtsfest hinaus. Es will Hoffnung wecken und Angst abbauen – Angst um die eigene Zukunft und die Zukunft der Welt. Das zeigt der Zusammenhang: eine Sammlung von Worten über die Endzeit, die Lukas an das Ende des Wirkens Jesu stellt (21,5–36).

Jesus spricht die Ängste der Jünger und ihrer Zeitgenossen an. Und damit auch unsere Ängste – vor Krieg, vor politisch, oft auch religiös und weltanschaulich begründeten Auseinandersetzungen, vor Wirtschaftskrisen und Naturkatastrophen, schicksalhaft verhängten wie schuldhaft herbeigeführten (9–11). Vielleicht auch vor Verführung und Zweifel, vor Haß und Verfolgung oder doch lähmender Gleichgültigkeit gegenüber dem Glauben an Gott, wie Jesus ihn nahebringt (12–19).

Er malt das alles nicht Angst erregend und verstärkend aus, aber er lenkt unseren Blick darauf. Wir sollen es wahrnehmen – mit offenen Augen und wachem Verstand. Und mit erhobenem Haupt, also aufgerichtet, nicht erschrocken geduckt oder sorgenvoll gebeugt. Wir können das oft nicht. Wie läßt es sich lernen? Auch dafür enthält der Zusammenhang helfende Hinweise.

Wir sollen das, was wir auf uns zukommen sehen, als Vorzeichen für sein Kommen nehmen: »Wenn dieses anfängt zu geschehen, dann seht auf und erhebt eure Häupter, weil sich eure Erlösung naht.« Das heißt: Ihr werdet den Menschensohn kommen sehen »in großer Kraft und Herrlichkeit« (27–28). Ein Bild der Hoffnung gegen die Bilder der Angst. Was ist konkret damit gemeint?

Jesus sagt: »Himmel und Erde werden vergehen, aber meine Worte vergehen nicht« (33). Was auch immer auf uns zukommt – wir werden Halt, Trost und Ermutigung finden in seinen Worten. Vor allem in den Hoffnungsgeschichten, die er erzählt – vom barmherzigen Samariter, vom verlorenen Sohn oder vom großen Abendmahl. Wir haben es hin und wieder erlebt: besonders in der Not, im Elend, in der Verzweiflung können sie ihre Kraft erweisen.

Er sagt: »Wenn ihr seht, daß dies alles geschieht, so wißt, daß das Reich Gottes nahe ist« (31). Er meint: Es wird sich zeigen, wer oder was das letzte Wort hat – nicht das Böse, sondern das Gute; nicht der Haß, sondern die Liebe; nicht der Tod, sondern das Leben. An seinem eigenen Geschick können wir es ablesen. Die Worte Gott, das Gute, die Liebe, das Leben haben für uns persönliche Züge, ein Gesicht: das Gesicht Jesu, des Gekreuzigten und Auferweckten. Was auch immer auf uns zukommt – in allem kommt er selbst auf uns zu – als unser Erlöser.

Darin erinnert uns, »alle Jahre wieder«, die Adventszeit.

GEBET: Jesus, Sohn Gottes,
    du hast dem Tod die Macht genommen und neues Leben ans Licht gebracht.
    Wir warten auf den Tag, an dem wir schauen, was wir jetzt glauben.
    Aber die Zeit wird uns lang, die Welt macht uns müde.
    Unser Herz ist bedrückt von der Schuld und dem Leiden der Menschen.
    Wir wissen oft keine Antwort, wenn man uns fragt nach dem Grund unserer Hoffnung.
    Wir sind schwach, wenn es gilt, der Gewalt des Todes standzuhalten.
    Wir kommen zu dir und bitten um Hilfe:
    Gib uns Halt an deinem Wort, gib uns Hoffnung, die sich durch nichts beirren läßt,
    gib uns Kraft zur Liebe, die stärker ist als der Tod.
    Erweise dich als unser Erlöser. Amen.

LIED: Wo bleibst du, Trost der ganzen Welt (EG 7, 4–7)

Christian Zippert

3. Sonntag im Advent

Bereitet dem Herrn den Weg;
denn siehe, der Herr kommt gewaltig.

Jesaja 40,3.10

Ist es eine Stimme aus der Ferne des Himmels, die uns zuruft: Der Herr kommt gewaltig!? Wirklich? Ja, sagt die Stimme, sieh nur! Und siehe: Wir sehen die Zeichen der Zeit: Das Grün der Tanne, die Rose, die Kerzen. Und wir beginnen, die Zeichen zu verstehen. Und wir hören Worte, die wir nicht gemacht haben, und sie kreuzen unseren Weg. Musikanten spielen auf. Lieder werden gesungen: Im Advent sind sie ohne süßlichen Schmelz, sind voll herber Schönheit und inniger Klarheit. Und wir stimmen ein. Stille umfängt uns, manchmal, läßt – seltsam wohltuend – Traurigkeiten zu, auch Ratlosigkeiten; aber Worte des Trostes werden lebendig, Gespräche beginnen: offen, bedächtig, nicht ohne Gefühle.

Doch da sind andere Stimmen auf Erden, unabweisbar, sind um uns und in uns, die möchten sagen, klagen und fragen: Und der Lärm, die Eile, die Oberflächlichkeit dieser Wochen? Und der verlogene Kitsch hier und das Entsetzen da: Was tun Menschen einander an! Schon Kinder werden gedemütigt, mißbraucht und um ihre Hoffnung betrogen. Feindschaft feiert Triumphe. Lebensmut bleibt auf der Strecke. Von Niedergeschlagenheit sind die einen, von Erfolglosigkeit andere geplagt. Und die Risse in unserer Gesellschaft gehen tief. Doch die andere Stimme sagt, als käme sie vom Himmel: Der Herr kommt gewaltig! Wirklich? Ja, ein Menschenkind setzt die Welt in Bewegung. Der Mann aus Nazareth ruft in die Nachfolge. Christus führt aus dem Tod ins Leben. So bereitet ihm den Weg! Und Menschen beginnen zu teilen, überwinden die Gier und die Angst. Hungrigen wird das Brot gebrochen. Feindschaft wird besiegt. Versöhnung und Gerechtigkeit bekommen ihre

Chance. Hier und da. Es ist ein Anfang. Die Liebe Gottes aber ist unwiderstehlich, nichts hält sie auf.

Bereitet dem Herrn den Weg, ruft die Stimme vom Himmel. Wer ist berufen? Die Engel! Und wir? Wir auch. Und wo? In der Wüste. Denn siehe, immer schon hat Gott seinen Weg da begonnen, wo es ausweglos schien. Dort, wo die Stille groß und der Überfluß fern ist, gewährt Gott den Seinen, was sie zur Wanderschaft brauchen Tag für Tag: Trost, Orientierung, Wegzehrung. Die Wege des Herrn werden in den Wüsten von den Engeln gebahnt. Ganz gewiß. Zu Handlangern sind wir bestellt. Mehr nicht. Und doch ist dies so viel.

GEBET: Gott, wo du kommst, mach uns bereit, an deinem Weg zu sein:
mit offenen Ohren für dein Wort,
mit offenem Herz, bereit, dich zu loben und sehnsüchtig zu erwarten,
mit offenen Händen, von deinen Kindern zu empfangen und mit ihnen zu teilen. Amen.

LIED: Mit Ernst, o Menschenkinder (EG 10, 2–4)

Gerrit Noltensmeier

4. Sonntag im Advent

Freuet euch in dem Herrn allewege,
und abermals sage ich: Freuet euch!
Eure Güte laßt kund sein allen Menschen!
Der Herr ist nahe!

Philipper 4,4–5

Ob es wahr ist oder nur Legende steht dahin: Im theologischen Examen wird der Kandidat danach gefragt, was im Philipperbrief des Apostels Paulus stehe. Antwort: »Freuet euch!« Der Prüfer mehr verblüfft als verärgert fragt weiter: Und mehr nicht? Antwort: »Abermals sage ich euch: Freuet euch!«

Damit hat der Kandidat nicht unrecht: Der Philipperbrief will seinen Lesern im Grunde die Freude am Herrn ansagen und Paulus hofft, daß solche Freude auch in Philippi einziehe. Zieht sie bei uns ein, jetzt, zum bevorstehenden Weihnachtsfest? Die Leute wünschen sich ein »frohes« Fest meist mit dem Zusatzwunsch für »ruhige« Feiertage. Wer seinen Nachbarn und Freunden wünschen würde: »Freut euch über die Nähe des Herrn!«, der würde vermutlich etwas eigenartig angeschaut werden.

Um es noch einmal ganz deutlich zu sagen: Es geht nicht um die kindliche Freude aufs »liebe Christkind«, die wir unseren Kindern ruhig gönnen wollen. Schon die verniedlichende Sprache verrät ja, daß es bei der Nähe Gottes um mehr geht. Und in der Tat: Die Nähe Gottes hat ja auch etwas Bedrohliches. »Gott sieht alles!« Dieser Satz soll ja nicht Freude auslösen, sondern wird meist mit erhobenem Zeigefinger ausgesprochen. Wenn Christen in der Advents- und Weihnachtszeit darum bitten und beten, daß Gott in dieser Welt erscheinen und gegenwärtig sein soll, steht ihnen das vor Augen. Und dennoch bitten sie: »Amen, ja komm Herr Jesu!«, weil sie hoffen, daß die Nähe Gottes neues Leben und Licht in dunkle Verhältnisse, auch in meine eigenen verworrenen Verhältnisse bringen soll. Ja, in einem unserer Adventslieder wird unter der Überschrift: »Ihr lieben Christen freut euch nun …« – allerdings mit einem vernehmbaren Seufzer – sogar gebetet: »Ach, lieber Herr eil' zum Gericht …« (EG 6). Da geht es nicht darum, Streicheleinheiten abzubekommen, sondern die Nähe Gottes ist allemal auch die Kritik unserer Verhältnisse. Sie will uns zurechtrücken. Sie löst auch Unsicherheiten aus: Wollen wir eigentlich ganz ehrlich, daß Gott uns so nahe kommt? Was muß ich noch lernen, wie muß ich Weihnachten feiern, daß ich Freude aus solcher Verunsicherung ziehe?

Wie alle Geschenke zum Fest muß man sich also auch die »Freude am Herrn« wirklich wünschen und um sie bitten!

Die alte Christenheit hat deshalb schon immer gebetet:

LIEBER HERRE GOTT, WECKE UNS AUF,
DASS WIR BEREIT SIND, WENN DEIN SOHN KOMMT,
IHN MIT FREUDEN ZU EMPFANGEN
UND IHM MIT REINEM HERZEN ZU DIENEN. AMEN.

LIED: O komm, o komm, du Morgenstern (EG 19)

Axel Noack

Christfest /
1. Sonntag nach dem Christfest

*Das Wort ward Fleisch und wohnte unter uns
und wir sahen seine Herrlichkeit.*

Johannes 1,14a

Eigentlich kann Gottes Herrlichkeit niemand sehen. Schon Mose lernt, daß vergehen muß, wer Gott sieht – so wie das Dunkel vom strahlenden Licht aufgesogen wird.

Zu Gott hat der Mensch keinen natürlichen Zugang.

Der Mensch kann die Natur bewundern, er kann vor der Naturgewalt erschrecken – aber damit hat er noch nicht Gott in seiner Herrlichkeit gesehen.

Wie kommen wir gleichwohl dazu, von Gott zu reden, seinen Namen zu kennen und zu nennen?

Dadurch, daß Gott sich hat hören lassen. Priester und Propheten, Hirten und Könige, Väter und Mütter geben weiter, was sie als Gottesrede gehört, was sie als Gottesgeschichte erfahren, was sie als Gotteswille gelernt haben.

Sein Wort hat Gott gesagt, als es hieß: »Es werde …«. Sein Wort hat Gott gegeben, als er sagte: »Ich will euer Gott sein; ihr sollt mein Volk sein.«

Gott selbst sorgt dafür, daß sein Wort richtig ankommt beim Menschen. Er kommt in Israel zur Welt. Und dann geschieht dies: Alles, was Gott zu sagen hat; was er will; was er tut und was von ihm ausgeht – alles das wird ›Fleisch‹. Das Wort Gottes nimmt Menschengestalt an.

Es schlägt sein Zelt unter den Menschen auf. Es wird menschlich, sichtbar, hörbar, mitteilbar.

Das Wort Gottes geht uns an, und wir werden angesprochen.

Gottes Wort hat einen Namen: Jesus. Und Jesus heißt ›Retter‹ oder ›Seligmacher‹.

Gott hat teil am menschlichen Leben aus Fleisch und Blut, Geburt und Tod, Glück und Leid. Die Herrlichkeit, die Gott uns sehen läßt, ist menschenfreundlich und menschenverträglich. Beim Sehen ›seiner‹ Herrlichkeit muß niemand sich fürchten. Die Hirten nicht, die den Lichterglanz am Himmel sahen, und die Magier aus dem Orient, die den hellen Stern gesehen hatten, auch nicht.

Gottes Licht kommt zu uns in die Welt so, daß niemand geblendet, wohl aber die Welt erleuchtet wird.

»Wir sahen seine Herrlichkeit«.
Das Christfest ist ein Fest, das uns die Augen öffnet.
Wir sehen das Licht – mitten in der Dunkelheit.
Wir sehen die Ruhe des Stalles – aller Unruhe der Straße zum Trotz.
Wir sehen Maria, die Mutter Gottes. Und neben ihr Josef.
Menschliche Zeugen der göttlichen Geburt.
Wir sehen Hirten, die niederfallen, um anzubeten.
Wir sehen die Krippe. Wir sehen das Kind.
Was wir sehen, bringt uns in Erinnerung, was wir gehört haben:
»Siehe, ich verkündige euch große Freude; euch ist heute der Heiland geboren.«
Was wir sehen und was wir gehört haben, findet in unserem Singen und Staunen seinen Ausdruck: »Schöpfer, wie kommst du uns Menschen so nah!«

GEBET: Treuer Gott und Vater,
in Jesus Christus sehen wir deinen Sohn.
»Christ, der Retter, ist da!« singen wir.
Du wohnst unter uns,
und beschenkst uns
Öffne uns die Augen,
daß wir das Licht sehen
und das Wunder der Weihnacht. Amen.

LIED: Jauchzet, ihr Himmel (EG 41)

Walter Herrenbrück

Altjahrsabend

Barmherzig und gnädig ist der Herr,
geduldig und von großer Güte.

Psalm 103,8

Ungeduld wird gern als Schwäche zugegeben. Besonders von Politikern. Wir wollen dynamisch die Welt verändern, dem Bösen Einhalt gebieten und der Gerechtigkeit zum Sieg verhelfen. Da kann Ungeduld nur nützlich sein.

Gott wird in unserem Bibelwort dagegen ganz anders beschrieben: barmherzig sei er, Schwächen hinnehmend, geduldig, nicht rechthaberisch, nicht Einsatz fordernd. Wer von uns kann aber sich und anderen gegenüber gnädig sein, wenn Leistung erforderlich ist? Durchsetzungsfähig müssen wir sein und wollen nicht Gnade vor Recht ergehen lassen. Mit Güte kommen wir im täglichen Leben nicht weiter, auch mit großer Güte nicht.

Ob unsere neuen Verhaltensweisen aber wirklich so viel besser sind als diejenigen, die über Gott ausgesagt werden? Jedenfalls fordern unsere Maßstäbe Opfer: an Zeit, häufig an Gesundheit und letztlich an Lebensqualität, die doch als ein hohes Gut angesehen wird. Wir werden sogar selbst zu Opfern: Die Überforderung nimmt zu; viele können nicht mithalten, müssen aussteigen oder werden ausgesondert, »freigesetzt«.

Da wirkt Gottes Geduld befreiend: Er hört zu und schaut nicht wie wir verstohlen auf die Uhr, wenn uns jemand aufhält, dessen Sorgen uns wie Bagatellen vorkommen. Geduld sei Zeitverschwendung, so haben wir gelernt. Erfüllte Zeit sei die mit Geduld verbrachte, so lehrt uns die Heilige Schrift.

Aber nicht alle erleben Gott als geduldig, als Gnade und Güte. Viele stehen vor unlösbaren Rätseln, reden von Schicksalsschlägen und hadern über das, was sie erlitten haben. Gerade am letzten Abend eines Jahres stellen sich solche Gedanken ein. Wie wollen wir in solchen Situationen mit dieser Beschreibung dessen umgehen, den wir als Gott ansprechen?

Die Lebens-, Erfolgs- und Leidenswege sind verschieden. Wir erleben sie persönlich. Unsere Wertungen hängen von unserem Temperament oder auch von Stimmungen ab. Auch wird niemand mehr zusammenrechnen können, was an Gutem geschah und was an Schwerem während dieses Jahres durchzumachen war. Ob das Ergebnis positiv oder negativ war, hängt von unserer Gewichtung ab.

Es dürfte deswegen richtiger sein, in Gottes Hände alles zu legen – das Gute, für das wir dankbar sind, und das Beschwerende, das uns erdrücken will. Es sind nämlich die Hände dessen, der geduldig mit uns umgeht. Geduld würde es uns auch ermöglichen, das vergehende Jahr gelassen zu betrachten. Ist doch bei Gott aufgehoben, was bei uns unerledigt ist an Last und Freude, an Frage und Zuversicht. Geduld könnte ein neuer Wert für uns werden, ein Wert auch für das, was wir erwarten.

GEBET: Am Ende dieses Jahres danken wir dir, unser Gott, für deine Güte, die du uns erwiesen hast.
Wir vertrauen uns dir an mit all' dem, was uns beschwert.
Deine große Güte möge uns auch im neuen Jahr leiten und führen. Amen.

LIED: Von guten Mächten treu und still umgeben (EG 65)

Gerhard Müller

Neujahrstag

Alles, was ihr tut mit Worten oder mit Werken,
das tut alles im Namen des Herrn Jesus und dankt Gott,
dem Vater durch ihn.

Kolosser 3,17

Es hat seinen tiefen Sinn, wenn in früheren Zeiten vor die Jahreszahl die beiden großen Buchstaben A. D. gesetzt wurden: Annus Domini, Jahr des Herrn. Es ist geschenktes und in den Dienst genommenes Leben, so unvollkommen, so bruchstückhaft es uns erscheint.

Vor vielen Jahren – ich war damals Vikar – habe ich eine Neujahrspredigt gehört, die mir im Gedächtnis geblieben ist. Ins neue Jahr gehen, das sei wie Skifahren im Neuschnee, wo es keine vorgeprägten Spuren gibt. Ein schönes, ermutigendes Bild. Aber stimmt es zur Lebenswirklichkeit? Ist nicht vieles, auf das wir im neuen Jahr zugehen, längst festgelegt? Nehmen wir nicht vieles mit an Aufgaben, Lebensumständen und Zeitbedingtheiten? Ist alles aus sich heraus »ganz neu«? Unberührt wie eine Landschaft im Neuschnee? Ich finde, die Spannung eines neuen Jahres ergibt sich daraus, daß Vorgegebenes und Unverhofftes sich verbinden. Das ist unser Bewährungsfeld als Menschen, die »im Namen Jesu« mit seinem Volk unterwegs sind.

Mit »Worten« und mit »Werken« ist das Leben ausgefüllt. Wie selbstverständlich werden auch unsere Worte zu den Taten gerechnet. Und das wissen wir ja aus unserer Erfahrung, wie tief Worte ins Lebensgefüge eingreifen, wie sie heilende oder verletzende Wirkungen erzielen. Mit Worten und Werken gestalten wir das neue Jahr auf unsere Weise mit. Vielleicht sollten wir uns einen Augenblick ins Bewußtsein rufen, in wie vielen Lebensbezügen und auch Abhängigkeiten wir leben, was unser Leben, was einen einzigen Tag ausfüllt. Nichts ist in der Perspektive des Glaubens bedeutungslos. Alles hat im Kraftfeld des Namens Jesu seinen Ort und seinen Sinn, ob wir das im Augenblick sehen oder nicht.

Wie können wir dem, was uns geschenkt und anvertraut wird, angemessener antworten als durch Dankbarkeit? Nicht weil wir in allem Dunklen noch immer »etwas Gutes« zu entdecken meinen, sondern weil er, der barmherzige und vorangehende Heiland der Welt, mit uns ist, »alle Tage, bis an der Welt Ende«.

GEBET: Nicht in unserem Namen,
im Namen unserer Wünsche und Sorgen,
wollen wir dieses Jahr beginnen,
sondern in deinem Namen,
in dem unser Heil und unsere Hoffnung liegt.
Laß uns dankbar leben
und in Worten und Werken dir vertrauen. Amen.

LIED: Jesus soll die Losung sein (EG 62, 1 + 5)

Martin Kruse

2. Sonntag nach dem Christfest

Wir sahen seine Herrlichkeit,
eine Herrlichkeit als des eingeborenen Sohnes vom Vater,
voller Gnade und Wahrheit.

Johannes 1,14 b

Herrlichkeit«, das ist ein fast vergessenes Wort. Es ist zu groß und schwer und schön für unsere tagtäglichen Erfahrungen. Aber wir sollten es nie und nimmer aus unserem Wortschatz streichen. Es gibt Begebenheiten, die brauchen eine besondere Sprache. Manchmal geschieht etwas, das uns aus den üblichen Bahnen herausführt.

Die Feste des Jahres sind Gelegenheiten, Außergewöhnlichem zu begegnen. Besonders zu erfahren. Von Gottes Herrlichkeit geblendet zu werden.

Ich denke zurück an manche weihnachtliche Mitternachtsmesse. Da war es, als täte sich der Himmel auf. Die herrliche Musik, innige Weihnachtslieder, erfüllte Sehnsucht: ich fühlte mich glücklich wie die Hirten auf dem Felde, als sie die »Menge der himmlischen Herrscharen« singen hörten von der Ehre Gottes und dem Frieden auf Erden. Ich freute mich mit der Freude der Weisen aus dem Morgenlande über den Stern, der sie an das Ziel ihrer langen Reise geführt hatte zum Kind in der Krippe und zu Maria, seiner Mutter.

Wer sich in die Geschichte des Jesus von Nazareth versenkt, auf seine Worte hört, der trifft auf einen Schatz im Acker, findet eine kostbare Perle, wird erinnert an sein Zuhause, auch wenn er es schon lange verlassen hat. Der bekommt es mit Gott zu tun.

All das sind Spuren der Herrlichkeit in einer oft ziemlich gewöhnlichen Welt. Feindschaft aushalten, Besessenheiten austreiben, einverstanden sein mit nicht änderbarem Leiden, das ist Gnade. Das bringt die Wahrheit des Lebens an den Tag.

Mancher Zeitgenosse ist bereit, in Jesus einen besonderen

Menschen zu sehen. Das ist ein Anfang, ein erster Eindruck. Aber er bleibt an der Oberfläche, ist zu wenig. Wer Jesus ist, das wird erst deutlich auf dem Hintergrund seiner Herkunft: Gott von Gott, Licht vom Licht, wahrer Gott vom wahren Gott. Dafür steht das fast vergessene Wort Herrlichkeit.

Es schadet nicht, bescheiden zu beginnen. Der heilige Johannes hat auch ein langes Menschenleben gebraucht, ehe er das so und nicht anders sagen konnte: »Wir sahen seine Herrlichkeit.« Aber wir sollen mit der Erkenntnis Jesu nicht zu früh aufhören. Nur Lumpen sind bescheiden. Von Jesus lohnt es sich groß zu denken, nicht geringer und kleiner als von Gott selbst.

GEBET: Laß uns, großer Gott nicht zu gering denken von Jesus, deinem Sohn.

Führe uns mit ihm heraus aus den Dürftigkeiten unseres Lebens, den Armseligkeiten unserer Erkenntnisse.

Zeige uns in dem an Weihnachten geborenen Kind deine Herrlichkeit, Gnade und Wahrheit, dich selbst. Amen.

LIED: Ich steh an deiner Krippen hier (EG 37)

Hartmut Löwe

Epiphanias

Die Finsternis vergeht,
und das wahre Licht scheint jetzt.

1. Johannes 2,8

Die Grammatik ist wichtig. Die Verben stehen im Präsens. Wovon die Rede ist, ist kein Datum der Vergangenheit. Auch keines der Zukunft. In der Gegenwart geschieht das: Die Finsternis vergeht, das wahre Licht scheint. Heute. Jetzt.

Die zeitliche Orientierung auch der Christen ist in der Regel eine andere. Sie erinnern sich gerne an vergangene Zeiten, als Jesus auf der Erde lebte, Kranke heilte, Gotteserfahrungen mitteilte, vom Reich der Himmel sprach. Oder sie denken nach vorn, aktivieren ihre Hoffnung: Später einmal, dereinst wird alle Finsternis vergangen sein. Wenn Gott am Ende der Zeiten die Tränen abwischen und selber alles in allem sein wird.

Johannes sieht die Dinge anders. Natürlich kennt er auch die Jesusgeschichten der Vergangenheit. Apokalyptische Zukunftsbilder sind ihm nicht fremd. Aber die Menschen leben in der Gegenwart. »Der Augenblick ist mein« sagt Andreas Gryphius. Johannes weiß: In den vielen Augenblicken, die unsere Lebenszeit ausmachen, nimmt das Dunkel ab und die Helligkeit zu.

Das Christentum ist nicht verliebt in die Vergangenheit. Das Christentum läuft auch nicht der Gegenwart davon. Die Leidenschaft des Glaubens gilt dem Heute: Jetzt schon tritt das Dunkle und Quälende immer mehr zurück. Jetzt schon lacht uns die Sonne, die unser Herr Jesus Christus selber ist.

Unsere Welt ist durchzogen von viel Nostalgie. Die Menschen verklären gerne vergangene Zeiten. Oder sie betreiben Eskapismus, fliehen, unzufrieden mit ihren täglichen Aufgaben, in eine ferne Zukunft. Der christliche Glaube ist von anderer Art. Er macht gegenwartstauglich. Seit Jesus Christus zu uns Menschen gekommen ist, irren wir nicht mehr im Finstern umher. Es ist hell geworden, es tritt immer klarer an den Tag, wozu wir geboren sind, was wir tun und was wir lassen sollen. Denn »die Finsternis vergeht, und das wahre Licht scheint jetzt.« Die Zeit des Christen ist die Gegenwart.

GEBET: Hilf uns, Gott, daß wir nicht immer nur von einer großen Vergangenheit träumen.
Gib, daß wir nicht in eine bessere Zukunft fliehen.
Mach uns vielmehr gewiß, daß du heute für uns da bist.
Daß du uns jetzt an unsere Aufgaben rufst.
Laß die Nächte hell werden, vertreibe die Finsternisse.
Dann werden wir zu Kindern deines Tages. Amen.

LIED: Auf, Seele, auf und säume nicht (EG 73)

Hartmut Löwe

1. Sonntag nach Epiphanias

Welche der Geist Gottes treibt,
die sind Gottes Kinder.

Römer 8,14

Natürlich fragen wir: Sind wir gemeint? Gehören wir dazu, wenn vom Geist Gottes die Rede ist? Für Paulus ist der Geist als Gabe und Kraft Gottes Realität, er ist da, er wirkt, er bricht ein in die menschliche Erfahrungswelt. Wo gewinnen wir Anschluß an dieses starke, unzweideutige: so ist es!? Wo hat das einen Platz in unserem Leben?

Es gibt Stunden des Geistes, es gibt Erfahrungen seiner Gegenwart, ganz einfache und elementare. Im Abspulen des Alltags gibt es diese plötzliche Erkenntnis: Ich bin da, ich atme, ich bin ein Teil der Schöpfung. Manchmal fällt es einem wie Schuppen von den Augen: diese unendlich kostbare Gabe des Lebens, dieses Geschenk, diese Gnade!

»Ich danke dir dafür, daß ich wunderbar gemacht bin; wunderbar sind deine Werke; das erkennt meine Seele« – das ist Zeugnis des Geistes im Psalmgebet (Ps 139,14). Gegen alle Vergiftung und Zerstörung, gegen Enttäuschung und großen Schmerz erhebt sich dieses Lob und nimmt uns mit.

Wenn heute im Zeitalter der vermeintlichen Machbarkeit aller Dinge jeder zum Manager des eigenen Lebenssinnes erklärt wird, dann lehrt uns der Geist zu sagen: Nein! Sinn macht man nicht, er wird geschenkt. Es ist der Geist, der diese große, neue, immer wieder aus verbrauchtem Leben herausführende Einsicht schenkt: Ich glaube, daß mich Gott geschaffen hat samt allen Kreaturen. Von ihm komme ich, zu ihm gehe ich. Ist dieser Geist so fremd?

Ich denke auch an die Bekenntnissynode 1934 in Barmen. Ein Zeugnis des Geistes, das die wenigen Versammelten festhalten: »Jesus Christus, wie er uns in der Heiligen Schrift bezeugt wird, ist das eine Wort Gottes, das wir zu hören, dem wir im Leben und im Sterben zu vertrauen und zu gehorchen haben.« Er ist die maßgebliche Mitte, er ist die Orientierung, kein Führer, keine Partei, keine Bewegung, kein Trend.

Damals war das nur eine schwache Stimme im Massenrausch und taumelnder Begeisterung, aber es war eine Stimme, die sich gegen Vergötzung von Führer, Rasse und Nation erhob, gegen das neue Heidentum. Sie hat nur wenig ausrichten können gegen die mörderische Dynamik dieses Heidentums, aber es war eine Stimme nicht nur des Widerspruchs gegen den Zeitgeist, es war auch eine Stimme der Hoffnung, weil eben nicht alle von allen guten Geistern verlassen waren.

Der Geist ist nicht fern. Keiner soll sagen, daß er der Geistlosigkeit ausgesetzt sei.

GEBET: Herr Gott, lieber Vater, sende uns deinen Geist,
        der unsere Herzen aufschließt für dich und füreinander,
        damit wir uns erkennen und annehmen
        als die Kinder, die du liebst,
        und vor dir leben ohne Angst. Amen.

LIED: Komm, o komm, du Geist des Lebens (EG 134)

Karl Ludwig Kohlwage

2. Sonntag nach Epiphanias

Denn das Gesetz ist durch Mose gegeben;
die Gnade und Wahrheit ist durch Jesus Christus geworden.

Johannes 1,17

Der Eindruck wäre falsch: alle Gesetze seien schlecht und überflüssig, Christen brauchten sich nicht an Verkehrsregeln und Kirchenordnungen zu halten. Auch der Eindruck wäre falsch: die Zehn Gebote Gottes an Mose seien überholt, weil sie im »Alten« Testament stehen und nur für jüdische Gemeinden gelten.

Jesus sagt seinen Jüngern in der Bergpredigt deutlich, er sei nicht gekommen, das Gesetz aufzulösen, sondern zu erfüllen (Mt 5,17 ff.). Und dann legt er die alten Gebote vom Töten und Ehebrechen, vom Schwören und Vergelten ganz neu und radikal aus. Sein »Ich aber sage euch« gipfelt in der Forderung: »Liebt eure Feinde und bittet für die, die euch verfolgen.« Das alles behält seine Gültigkeit. Aber Jesus weiß um die Erbärmlichkeit menschlicher Bemühungen. Kein Mensch wird je allen Geboten Gottes gerecht. Wir hören Paulus im Hintergrund: Wir können vor Gott nur gerecht werden, weil Gott selbst uns gerecht wird, aus Gnade, durch die Erlösung in Jesus Christus, allein durch den Glauben – ohne des Gesetzes Werke (Röm 3,21 ff.).

Diese biblische Wahrheit ist in der Reformationszeit wieder entdeckt worden. Diese Botschaft von der Rechtfertigung läßt in der Gegenwart die evangelische und katholische Christenheit nahe aneinanderrücken. Das »Evangelium« ist jedem »Gesetz« überlegen – wie das Licht der Finsternis, wie die Ewigkeit aller Zeit.

Die Folge ist: Nicht um erlöst zu werden, sondern weil wir im Glauben schon Erlöste sind, treten wir in unserer Zeit für Freiheit und Verantwortung, für Frieden und Gerechtigkeit ein, so gut wir können.

Der Eindruck ist richtig: noch sind wir umgeben von Miß-
erfolg und Schuld, von Schmerzen und Sterben. Aber die
Gnade und Wahrheit des Herrn erleuchten schon unsere Herzen und Sinne. Auch dieser Eindruck ist richtig: weder Tod
noch Leben, weder Gegenwärtiges noch Zukünftiges kann uns
scheiden von Gottes Liebe. Sie bleibt uns in Jesus Christus erhalten – unverwechselbar, unüberbietbar, unverbrüchlich.

GEBET: Gütiger Gott!
Dank sei dir für Licht und Hoffnung in unserem Leben, weil uns manches den Mut nehmen und Zweifel
an deiner Güte streuen will.
Darum bitten wir dich für alle, die sich nach Trost
sehnen, die unter Bürgerkrieg und Terror leiden, die
durch Arbeitslosigkeit in Not geraten, die sich von aller Welt und manchmal auch von dir verlassen fühlen.
Laß Hoffnung wieder keimen, Friede wachsen, Gnade und Wahrheit hell werden durch Jesus Christus.
Amen.

LIED: Ach bleib mit deiner Gnade (EG 347)

Peter Krug

3. Sonntag nach Epiphanias

Es werden kommen von Osten und von Westen,
von Norden und von Süden,
die zu Tisch sitzen werden im Reich Gottes.

Lukas 13,29

Eine großartige Vision malen wir uns vor Augen: die Ökumene aller Himmelsrichtungen. Von allen Seiten werden sie kommen: die Schwarzen, Gelben, Weißen und Gemischten, die Frauen und die Männer. Es wird keinen Unterschied geben im Reich Gottes, der sonst trennend war, weder reich noch arm, gebildet oder ungebildet, häßlich oder schön, krank oder gesund. Sie werden alle mit ihm zu Tisch sitzen und das himmlische Mahl mit ihm feiern. So oder so ähnlich sieht das Gemälde vom Reich Gottes aus.

Aber nicht alle, die mit Jesus auf seiner Wanderung durch Städte und Dörfer in Berührung kommen, werden dabeisein. Nicht allen, die an die Tür klopfen, wird aufgemacht. Der Hausherr entscheidet. »Da wird Heulen und Zähneklappern sein.« – Eine strenge Rede auf dem Weg nach Jerusalem, der Stadt des triumphalen Einzugs und der Kreuzigung. Noch ist nicht alles entschieden, weder für Jesus selbst noch für die, die ihn begleiten. Einer von ihnen fragt ihn, ob nur wenige selig werden. Und er antwortet: »Ringt darum, daß ihr durch die enge Pforte hineingeht; denn viele, das sage ich euch, werden danach trachten, wie sie hineinkommen, und werden's nicht können.« Eine dringende Mahnung und Warnung an alle, die es sich zu leicht machen und nicht ernsthaft nachfolgen, sondern einfach nachlaufen. Es wird nicht ausreichen, daß man Jesu Wort auf der Straße oder in der Kirche hört, vielleicht sogar mit ihm gegessen und getrunken hat. Das Erstgeburtsrecht des Dabeigewesenseins gilt nicht bis in alle Ewigkeit.

Entscheidend ist, ob er die Seinen kennt, die mit ihm rechnen und sich nichts ausrechnen. »Es sind Letzte, die werden die Ersten sein, und sind Erste, die werden die Letzten sein.« Eine Warnung also an alle, die sich sicher fühlen, zu sicher, daß sie als erste an die Reihe kommen wegen ihrer ethnischen Zugehörigkeit zum Volk Gottes, wegen ihres überquellenden religiösen Leistungskontos oder ihrer moralischen Standfestigkeit. Nein, im Reich Gottes gelten andere Maßstäbe: die enge Pforte der Liebe, die Sehnsucht, ganz bei Gott und den Menschen zu sein, die Freude, aus der Vergebung heraus leben zu dürfen. Die Ökumene aller Himmelsrichtungen lebt schon jetzt im Verborgenen in der Tischgemeinschaft mit Christus und von der Hoffnung, »daß alle Zungen bekennen sollen, daß Jesus Christus der Herr ist, zur Ehre Gottes, des Vaters« (Phil. 2,11).

GEBET: Gott, du Herr des großen Hauses,
in dem viele Wohnungen sind.
Öffne die Tür der engen Pforte,
bitte uns an deinen Tisch, der alle versammeln kann
aus Süd und Nord, aus Ost und West.
Laß Christus in unseren Herzen wohnen,
daß wir seine Liebe erfahren,
die alles Wissen dieser Welt übersteigt.
Wir danken dir, Gott,
denn du bist freundlich
und deine Güte währet ewiglich. Amen.

LIED: Die Kirche steht gegründet (EG 264, 1–3)

Rolf Koppe

4. Sonntag nach Epiphanias

Kommt her und sehet an die Werke Gottes,
der so wunderbar ist in seinem Tun
an den Menschenkindern.

Psalm 66,5

Man kann auch übersetzen: »der so furchtbar ist in seinem Tun«. Der Zug durchs Rote Meer ist das Beispiel. Also für Israel ein wunderbares, für die Ägypter ein furchtbares Ereignis. Es zittert in dem Wochenspruch noch etwas vom Gottesschrecken und Gottesstaunen nach. Wenn Gott wirkt, dann schafft das Schrecken und Staunen. Petrus empfindet es beim wunderbaren Fischzug (Lk 5) und bittet Jesus: Geh von mir, denn ich bin ein sündiger Mensch. Martin Luther sagt im Kleinen Katechismus bei jedem Gebot: »Was ist das? Wir sollen Gott fürchten und lieben ...« Da ist nicht nur Ehrfurcht gemeint, sondern auch der Mensch, der vor Gott steht und merkt, hier steht mein Leben auf dem Prüfstand.

Das ist also kein Wort, das sich an der Harmonie der Natur oder an der Größe des Weltalls berauschte. Der Psalmist ist gepackt von der Begegnung mit dem unser Schicksal bestimmenden Gott. Luther schreibt am 19. März 1540 nach Schmalkalden an seine Freunde: »Er ist ein Gott, der mitten im Tod lebendig macht und mitten im Zorn sich erbarmt, mitten im Eifer lacht und mitten in der Zurückweisung der Gebete Erhörung der Gebete gewährt – wie alle seine Werke göttlich und wunderbar und unbegreiflich sind. Ihm gehört, was nicht ist, für ihn entsteht, was untergeht, für ihn steht, was fällt, und nichts ist ihm alles. Ihm allein gebührt die Ehre, die allein Gott ist, allein der Schöpfer, allein der Lenker aller Dinge.«

Zu ergreifen ist Gott nur in Jesus Christus. Es ist lebensnotwendig, vom verborgenen Gott zum in Christus offenbaren Gott zu flüchten.

Im Kreuz am Karfreitag ist der erschreckende Gott erfahrbar, als hätte er uns verlassen. Durch Ostern aber ist das Kreuz in ein ganz anderes Licht gerückt worden. Es ist nun das Ereignis, in dem Gott in Jesus die Erfahrung der Entfremdung mit uns geteilt hat, um uns seiner Nähe auch in der Gottesferne gewiß zu machen.

Petrus erfährt: Wenn er auf den Wind und die Wellen sieht, geht er unter, wenn er auf Christus schaut, findet er Halt (Mt 14). Deshalb, wenn es um Gottes wunderbares und erschreckendes Tun an uns Menschenkindern geht, verlassen wir uns auf Christus.

GEBET: Gott, unser Vater, unser Leben ist in deiner Hand. Durch unser Tun und Erleben hindurch greifst du nach uns.
Gib, daß wir auf Christus sehen, deinen Sohn im österlichen Licht, ihm vertrauen und dem Nächsten dienen. Amen.

LIED: Lob Gott getrost mit Singen (EG 243)

Horst Hirschler

33

5. Sonntag nach Epiphanias

Darum richtet nicht vor der Zeit, bis der Herr kommt,
der auch ans Licht bringen wird,
was im Finstern verborgen ist,
und wird das Trachten der Herzen offenbar machen.

1. Korinther 4,5 b

›Epiphanias‹ meint die ›Erscheinung Christi‹. Jesus Christus strahlt aus, was unserem Leben zugute kommt; was uns tröstet und stärkt; was uns aufrichtet und uns auf das gute Ziel hin ausrichtet. Jesus bringt Gott in unser Leben: das ist seine Herrlichkeit.

Es ist die Herrlichkeit dessen, der aus Liebe schwach wird – aber es ist deshalb keine schwache Herrlichkeit.

Es ist die Herrlichkeit des *einen* Menschen, der ganz und gar in Gott, Gottes Sohn ist und uns alle zu Gottes Kindern macht.

In seiner Herrlichkeit erweist er sich als ›Herr der Geschichte‹. Das ist nun nicht so zu verstehen, als ob Jesus Christus alle Fäden in der Hand und alle Menschenleben am Band hätte und die Weltgeschichte so lenken würde wie Vater und Sohn die Waggons ihrer elektrischen Eisenbahn.

Nein, der Herr der Geschichte gibt Freiheit, schenkt Freiraum. Er will, daß wir ›unser‹ Leben leben. Die Welt, in der wir leben, hat ihre eigene Geschichte; und diese Geschichte hat ihre Bedingungen und Regeln. Sie wird von Naturereignissen geprägt, erwarteten und unerwarteten. Es gibt politische Entwicklungen, die geplant oder ungeplant sind: eine Welt zwischen Friedenssehnsucht und Rassenhaß.

Die Geschichte der Welt haben wir nicht in der Hand. Wir tragen zwar Verantwortung für unser Leben; aber der ›Herr der Geschichte‹ ist Jesus Christus. Ihm hat Gott alle Macht im Himmel und auf Erden gegeben. Durch ihn regiert Gott die Welt. Im Verlauf der Geschichte ist vieles weder einsichtig noch erklärbar. Aber am Ende wird dafür gesorgt, daß nicht Chaos und Gewalt triumphieren, sondern daß bewahrt bleibt, was Gott mit seiner Schöpfung und mit seinen Geschöpfen vorhat. So kommt die Geschichte an ihr Ziel.

Von Jesus aus gesehen ist es nicht so, daß alles Geschehen in dieser Welt, alle Geschichte gleich-gültig wird. Finsternis wird als Finsternis ans Licht kommen. Der Keim des Bösen, der in den Herzen der Menschen ruht und in ihren Gedanken und Taten reift, wird offenbar werden. Gottlosigkeit wird sich als menschliche Überheblichkeit erweisen. Wo Christi Herrlichkeit aufleuchtet, gibt es kein Verstecken und Verdrängen.

Gesagt wird uns das, damit niemand ungeduldig wird. Es ist nicht gut, im Feuer des Leidens das Vertrauen wegzuwerfen und die Frage »Warum?« gleich beantwortet haben zu wollen.

Wenn der Herr kommt, dann wird alles klar werden.

Erklärungen vorher sind vom Herrn der Geschichte nicht zu haben. Zu haben ist der Trost: daß ER bei uns ist alle Tage, bis an der Welt Ende.

GEBET: Herr,
du läßt uns nicht treiben im Strom der Zeit
wie Treibholz.
Daß Gott regiert,
ist unser Trost.
Laß uns leben und sterben mit diesem Trost. Amen.

LIED: Der du die Zeit in Händen hast (EG 64)

Walter Herrenbrück

Letzter Sonntag nach Epiphanias

Über dir geht auf der Herr,
und seine Herrlichkeit erscheint über dir.

Jesaja 60,2

Wir kennen das: eine kalte, finstere Nacht. Wir spähen hinaus und erschaudern. Da kommt der langersehnte Morgen: die Sonne geht auf und der Lichtglanz, die Herrlichkeit eines neuen Tages bricht an. Wir sind befreit: die Ängste schwinden, der Schauder weicht. »Finsternis bedeckt das Erdreich und Dunkel die Völker«, heißt es bei Jesaja im vorausgehenden Vers. Liegt Finsternis nicht auch heute über unserer Erde und bedroht Menschen und Völker? Kriege, Terror, Unmenschlichkeit, Naturkatastrophen, Seuchen und unheilbare Krankheiten sind auch für uns neue Gefahren, die wie ein Damoklesschwert über unseren Häuptern schweben.

Damals ist der Gott, den das Volk Israel als seinen Herrn wußte, wirklich über jenen Menschen aufgegangen wie die Morgensonne an einem neuen Tag und hat ihnen Zukunft geschenkt. Doch geht dieser Herr auch heute über uns auf? Scheint es nicht eher, daß Gott sich verbirgt und die Finsternis herrschen und vielleicht sogar siegen läßt? Wir brauchen gar nicht auf andere Menschen und andere Völker zu sehen. Ein Blick auf uns und in uns genügt. Wie finster ist es doch oft in uns selbst, wieviel Leid und Elend erleben wir nicht in unserer unmittelbaren Nähe, wie wenig will es uns Heutigen gelingen, froh und dankbar zu sein!

Der Mensch, der erfahren hat: »Über dir geht auf der Herr«, weiß: Du mußt nicht allein bleiben mit deinen finsteren Gedanken oder schmerzlichen Erinnerungen. Du mußt dich nicht mehr ängstigen und »schwarzsehen« für deine Zukunft. Über dir schwebt nicht das Verhängnis, sondern über dir erscheint die Herrlichkeit des Herrn, deines Gottes. Denn auch für dich ist Jesus Christus erschienen. Er öffnet dir die Augen, erleuchtet dein Herz, erhellt diese Erde und läßt seinen Glanz erstrahlen über alle Menschen und Völker. In diesem Licht erkennst du Gott als den liebenden Vater, auch wenn es dunkel in dir und um dich ist. Durch ihn erleuchtet, begreifst du sein Handeln an dir und der Welt, auch wenn so vieles unverständlich ist. Du nimmst an, was er dir schickt, auch wenn es dir schwerfällt. Du bekommst Boden unter den Füßen, du erhebst das Haupt. Von diesem Licht erhellt und von seinen Strahlen erwärmt, wagst du dein Leben jeden Morgen neu.

GEBET: Herr, in mir ist es finster, aber bei dir ist das Licht;
ich bin einsam, aber du verläßt mich nicht;
ich bin kleinmütig, aber bei dir ist die Hilfe;
ich bin unruhig, aber bei dir ist der Friede;
in mir ist Bitterkeit, aber bei dir ist die Geduld;
ich verstehe deine Wege nicht, aber du weißt den Weg für mich. Amen. (Dietrich Bonhoeffer)

(aus: ders., Widerstand und Ergebung. [KT 100]. Chr. Kaiser/Gütersloher Verlagshaus, Gütersloh, 16. Aufl. 1997)

LIED: Erneure mich, o ewigs Licht (EG 390)

Christoph Klein

Septuagesimä

Wir liegen vor dir mit unserm Gebet
und vertrauen nicht auf unsre Gerechtigkeit,
sondern auf deine große Barmherzigkeit.

Daniel 9,18

Daß die Kirche betet, ist ihr deutlichstes Kennzeichen. »Nächst dem Predigtamt ist das Gebet das höchste Amt in der Christenheit« (Martin Luther). Es gehört seit der Reformation zum innersten Auftrag der Kirche und ist also gut evangelisch, betende Kirche zu sein.

»Beten ist wünschen, nur feuriger!« Jean Paul verbindet demnach mit dem Beten nicht ein abgeklärtes Ritual, sondern glutvolle Leidenschaft. Vielen Zeitgenossen vergeht die Lust am Beten, das Mitbeten fällt ihnen schwer, wenn in unseren Gottesdiensten das Gebet in liturgischer Routine domestiziert wird oder zu persönlicher Betroffenheitslyrik verkommt. So wird Beten belanglos.

Wie ganz anders bis in die bildhafte Sprache hinein unser Wochenspruch: »Wir liegen vor dir mit unserem Gebet.« Es klingt wie eine leidenschaftliche Beschwörung. Im Danielbuch herrscht Endzeitstimmung. Das ist bekanntlich die Stunde der heißen Gebete, die der alten Welt Ade sagen und die neue Welt Gottes in glühenden Farben ausmalen. In ein solches Weltuntergangsszenario steigert sich Daniel nicht hinein. Er betet um Gottes Barmherzigkeit. Ihm ist klar: Wenn jetzt nicht Gottes Barmherzigkeit das Sagen bekommt, dann entpuppt sich die eigene Religiosität – gerade auch die auf das Ende ausgerichtete – als eine Fassade, hinter der handfeste Gottlosigkeit lauert. Im Gebet tastet sich die Kirche gegen die eigene Gottlosigkeit zum barmherzigen Gott vor. Es ist, als ob die Betenden von ferne ein Licht sehen. Sie gewinnen ein tieferes Ahnen von den großen Verheißungen Gottes für unsere Welt. Von weitem sehen dürfen, was noch nicht ist – das gibt dem Beten sein inneres Feuer.

Als betende Kirche bereiten wir uns ab dem Sonntag Septuagesimä auf die Kreuzigung und Auferstehung Jesu Christi vor. Den Weg der Passion Jesu bis zum Ostermorgen betend mitzugehen, ist gute, alte Praxis des Glaubens. Aber wichtiger ist zu begreifen, wie Jesus Christus, um das Erbarmen Gottes ringend, unseren Weg mitgeht und uns in der gottfernen Welt begleitet. Die Gethsemaneszene, wo Jesus sich »mit Zittern und Zagen ... auf die Erde warf und betete«, ist die eindringlichste Auslegung unseres Wochenspruchs (Mk 14,33–35). Wenn wir davor nicht die Augen verschließen und nicht wie die Jünger die Stunde verschlafen, dann werden wir betende Kirche, für unsere Welt um das Erbarmen Gottes betende Kirche.

GEBET: Barmherziger Gott,
laß uns nicht los!
Unser müder Glaube ist mitschuldig
an der Heillosigkeit unserer Welt.
Aber dein Erbarmen rettet uns.
Darum flehen wir zu dir:
Erbarme dich über uns,
erbarme dich über unsere Welt! Amen.

LIED: Jesu, hilf siegen (EG 373, 4)

Klaus Engelhardt

Sexagesimä

Heute, wenn ihr seine Stimme hören werdet,
so verstockt eure Herzen nicht!

Hebräer 3,15

Verstockung – was ist das eigentlich? Ich denke da zunächst an einen Stock, hölzern und starr. Im übertragenen Sinn denke ich an uneinsichtige und sture Mitmenschen. So können Herzen offensichtlich werden. Es ist so, wie wenn ein Ast vom Baum abgebrochen ist. Zunächst trägt er noch seine grünen Blätter, als wäre nichts geschehen. Doch dann verdorrt er. Die Blätter fallen ab. Leblos verstockt er im wahrsten Sinne des Wortes zu einem toten Stück Holz.

Was ist der Hintergrund dafür, daß Menschen »verstocken«? Ihre Beziehung zu Gott ist zerbrochen wie die Verbindung zwischen Ast und Baum. Nach dem Hebräerbrief geschieht dies freilich nicht aus Mutwilligkeit, sondern aus Verbitterung. Dabei wird an die Verbitterung des Volkes Israel gegenüber Gott während seiner vierzigjährigen Wüstenwanderung erinnert: Aus Not und Hunger erscheinen ihm die Fleischtöpfe der ägyptischen Sklaverei doch wieder verlockender als der befreiende Gott.

Aus innerer und äußerlicher Not zerbrechen auch heute viele Beziehungen zwischen Mensch und Gott. Gegen äußere Not und Verbitterung können Christen etwas tun: den Nächsten lieben und mit ihm teilen. Das läßt neuen Lebensmut in verstockte Herzen strömen. Gegen innere Not und Verbitterung tut Gott etwas: Er redet mit uns ganz vertraut und lädt ein, heute auf seine Stimme zu hören. Das läßt neuen Glaubensmut in verstockte Seelen strömen. Ströme von Lebens- und Glaubensmut verbinden Menschen mit Gott wie Äste mit einem großen starken Baum. Wenn Fleischtöpfe das Wichtigste für uns werden, kehren wir dem Lebensangebot Gottes den

Rücken. Wir setzen auf Mittel, mit denen wir selbst das Leben zu sichern versuchen. Dabei übersehen wir, daß wir uns von der Quelle des Lebens trennen. Dadurch geraten wir in Gefahr zu verdorren und zu verstocken.

Ein letztes: Verstockt auf »Fleischtöpfe« zu setzen kann auch zur Verfettung von Herz und Seele führen. Vielleicht liegt diese Gefahr in unserer Zeit besonders nahe. Doch Jesus Christus lädt uns ein, heute auf seine Stimme zu hören und umzukehren. Sechzig Tage vor Ostern – Sexagesimä – ist noch viel Zeit: Die Fastenzeit steht bevor.

GEBET: Herr,
manchmal bin ich verstockt
wie ein totes Stück Holz:
die Blätter des Lebens sind abgefallen,
die Früchte des Glaubens verdorrt.

Mach mich wieder lebendig:
Dein Geist komme über mich
und durchströme Leib, Seele und Geist,
damit ich wieder zu Kräften komme:
Rebe am Weinstock
durch Jesus Christus unseren Herrn. Amen.

LIED: Herr, öffne mir die Herzenstür (EG 197, 1–3)

Hermann von Loewenich

Estomihi

Seht, wir gehen hinauf nach Jerusalem,
und es wird alles vollendet werden,
was geschrieben ist durch die Propheten
von dem Menschensohn.

Lukas 18,31

Mit diesen Worten kündigt der Herr Jesus den Abschluß seines Wirkens an in Leiden, Sterben, Auferstehung. In der Woche nach dem Sonntag Estomihi beginnt nach der Tradition der abendländischen Christenheit am Aschermittwoch die große Fastenzeit, die Passionszeit. Dies Wort hilft, den Sinn der Passion zu verstehen.

»Wir gehen hinauf nach Jerusalem« – so mögen damals Tausende unter den Juden im Heiligen Land und in der weiten Welt gesagt haben. Das Passafest nahte, das Fest zum Gedenken daran, daß Gott sein Volk beim Auszug aus Ägypten gerettet hatte und es auf den Weg in die verheißene neue Heimat schickte. Dazu pilgerte man nach Jerusalem. Im Licht dieser Erfahrungen und dieser Verheißung ist auch die Passion Jesu zu verstehen. Deshalb gilt, daß sich in ihr alles vollendet, was die Propheten von dem Kommenden, von Jesus, geschrieben haben.

Das Sterben Jesu ist nicht Ausdruck des Scheiterns eines Idealisten, der vergebens gegen die Realitäten der Welt gekämpft hat, sondern Gottes Weg zur Erlösung, also zur Befreiung und Heimholung, seines Volkes und aller Völker.

Natürlich haben die Jünger dies erst im Nachhinein begriffen. Aber können wir selbst nicht unseren eigenen Lebensweg erst im Nachhinein als sinnvoll, als Führung Gottes bezeichnen?

Aber die Jünger sind mitgegangen – nicht bis zum bitteren Ende, aber nach Jerusalem. Jesus starb allein, zwischen zwei verurteilten Terroristen, aber er hat seinen Jüngern aufgetragen, ihm nachzufolgen.

Das muß nicht für jeden der gleiche Weg sein. Es gibt Jünger und Jüngerinnen, die Jesus bis ins Sterben hinein nachfolgen. In keinem Jahrhundert der Kirchengeschichte sind so viele Menschen um ihres Glaubens an den dreieinigen Gott und um der Treue zu Jesus Christus, dem Menschensohn, willen umgebracht worden wie in dem, das nun zu Ende geht. Daß damals in Jerusalem »alles vollendet« worden ist, was die Propheten von Jesus Christus geschrieben haben, schließt die Auferstehung des Gekreuzigten ein. Sein Grab bezeugt die Auferstehung. Und seine Auferstehung ist die Zusage der Vollendung, des Lebens vor Gott, auch für die, die ihm bis ins Sterben nachgefolgt sind, ja für alle Christen.

Doch die Märtyrer der Kirche sind nur ein Teil der Millionen Ermordeter dieses Jahrhunderts.

Christen sind dessen gewiß, daß der Weg nach Jerusalem, das Kreuz Jesu Christi und seine Auferstehung Gottes Verheißung für alle diese Toten aufzeigt. Uns hat der Herr als seine Jünger zum Glauben und zur Nachfolge gerufen. Wie Gott seinen Heilswillen durch das Kreuz, Jesu Christi und seine Auferstehung auch für die anderen zum Ziel führt, die nie den Ruf zum Evangelium, zur Nachfolge vernommen haben, das bleibt sein Geheimnis. Der Weg nach Jerusalem ist der Weg zum Leben für uns alle.

GEBET: Herr Jesus Christus, du hast uns gerufen, deine Jünger zu sein.
Laß uns dir nachfolgen, wo immer du uns hinstellst, und laß uns mit allen, für die du ans Kreuz gegangen bist,
teilhaben an deiner Vollendung,
der du mit dem Vater und dem Heiligen Geist lebst und regierst von Ewigkeit zu Ewigkeit. Amen.

LIED: Lasset uns mit Jesus ziehen (EG 384)

Georg Kretschmar

Invokavit

Dazu ist erschienen der Sohn Gottes,
daß er die Werke des Teufels zerstöre.

1. Johannes 3,8b

Leben wir in einem Vakuum? Leben wir in einem völlig leeren Raum, in dem es nur unsere Gedanken gibt und unsere
Taten? Wenn wir uns in einem gänzlich offenen Raum bewegen
würden, dann könnten alle unsere guten Gedanken wahr werden. Unser Lebensbereich, unser Zusammenleben wäre ganz
und gar vom Guten, vom Menschlichen im besten Sinne des
Wortes durchwirkt und durchdrungen.

Denn wenn wir unserem Herzen nachspüren, unsere tiefsten
Empfindungen befragen, sind wir doch voller Zustimmung für
das Gute. Da liegen die Bilder vom heilen Leben ganz nahe.
Unsere Wunschbilder sind zusammengefügt aus Güte, Liebe,
Friede, aus lauter Gelingen. Im biblischen Horizont denken wir
an die Fülle des Segens, eines Segens, der nie versiegt, nie auf-
hört. Ewigkeit schwingt mit in unseren Wunschbildern und
eine Ahnung von letzter Vollkommenheit. Vieles davon entdecken wir in der biblischen Paradiesesgeschichte.

Der weitere Gang dieser Geschichte zeigt dem Leser aber
auf, daß da ein Einbruch geschah. Die Harmonie zerbrach.
Eine Kraft, eine Macht, eine böse Macht wirkt herein und der
Mensch erliegt ihr.

Bis heute besteht die zentrale Frage: Warum erliegt der Mensch
den vielen bösen Impulsen und wird selbst zu einem Verursa-
cher von bösen Taten, von bösen, zerstörerischen Folgen?

Aus welch profunder Realitätsanalyse schöpft die Bitte des
Vaterunsers: »Und führe uns nicht in Versuchung, sondern er-
löse uns von dem Bösen.« Realität pur wird hier vor Gott ge-
bracht: die Macht der Versuchung durch das Böse und die
Ohnmacht des leidenden Menschen, des tragisch-verstrickten
Menschen in den Fängen des Bösen.

Um diesen Machtbereich zu zerstören, ist Christus von Gott in die irdischen Zusammenhänge gesandt worden. In dieses so oft vergebliche Ringen mit den tausendfachen Verlockungen des Bösen ist er gesandt. Sein Kreuz und seine Auferstehung bedeuten den grundsätzlichen Sieg über den Machtbereich des Todes und des Bösen. In und durch Jesus Christus wird ein Weg, ja in Wahrheit der einzige Weg gebahnt, der herausführt aus der Schattenzone des Bösen.

In unserem Brief, dem unser Wochenspruch entnommen ist, heißt es später (5,20): »Und wir (die Christen) sind in dem Wahrhaftigen. Dieser ist der wahrhaftige Gott und das ewige Leben.« Darauf läuft es zu. Die irdischen Wirrnisse, Widerfahrnisse, Zerrissenheiten deuten darauf hin, daß ein anhaltendes Ringen stattfindet. Wir alle befinden uns mittendrinnen.

Gottes Tat in Christus richtet das Fanal auf, die Siegesfahne, daß die Macht des Bösen nicht das letzte Wort hat, sondern vorläufig ist, zum Vorläufigen und Vergänglichen gehört.

GEBET: Herr, Gott unser Schöpfer, Herr, Gott unser Erlöser, Herr, Gott unser Gewahrer,
wir staunen über dein Handeln. Wir sind voller Dankbarkeit,
daß du durch Christus, unseren Erlöser,
die Bedingungen unseres irdischen Lebens grundlegend verändert hast.

Wir stehen weiterhin im Kampf mit dem Bösen.
Wir leiden an unseren Niederlagen.
Aber wir trösten uns an Deinem Sieg.

Du schenkst uns wachsende Hoffnung auf deinen endgültigen Sieg.
Deine Zukunft, in die du uns hineinnehmen wirst, wird allen Widerspruch und alle Zerstörung überwinden.
Darauf blicken wir voller Erwartung. Amen.

LIED: Befiehl du deine Wege (EG 361, 1.4.5)

Heinrich Herrmanns

Reminiszere

Gott erweist seine Liebe zu uns darin,
daß Christus für uns gestorben ist,
als wir noch Sünder waren.

Römer 5,8

Tunichtgut – das klingt viel leichter als Sünder. Das klingt sogar ein wenig zärtlich. Und nicht gleich nach Mord und Todschlag.

Ich kann mir einfach nicht genug vorstellen, daß Gott einem Menschen sagen würde: Du bist ein Sünder. Das Wort Sünder ist so gewaltig und so schwarz, daß man meint, keiner kann es mehr beiseite bewegen – so schwer ist es. Es ist das schlimmste Wort, das man über einen Menschen sagen kann. Ein Sünder, eine Sünderin – ist ein verlorener Mensch. Sünder – das klingt immer nach Tod und Verbrechen, endgültig.

Ich kann mir einfach nicht genug vorstellen, daß Gott so düster von uns Menschen redet, als hielte er uns für Verbrecher.

Wenn auch manche Theologen in unseren Kirchen den Eindruck vermitteln, es sei die wichtigste und beste Bezeichnung für unser Menschsein: in der Bibel kommt das Wort auf all ihren gut 1200 Seiten zum Glück nur ungefähr 50mal vor – also vergleichsweise selten. Und nur ein einziges Mal das Wort Sünderin.

Aber in Gottes Mund, aus dem doch das Leben kam, kann ich es mir kaum vorstellen – oder es hat bei ihm einen ganz anderen Klang. Und er sagt es so, daß da noch Türen sind, daß man herauskommen kann aus dem, was man böse oder falsch gemacht hat, sagt es so, daß man sich selber nicht aufgeben muß. Und das Leben leuchtet wieder. In jedem und jeder von uns steckt mehr Güte als Bosheit. Paulus muß das gespürt und empfunden haben.

Aber Gott, sagt er und schreibt er nach Rom, macht es anders als Menschen es machen. Macht uns anders: wir sind keine Dauersünder.

Mögen die Engel und Engen unter den Frommen auch entsetzt sein oder pikiert – Gott nagelt die schwarzen Flecken nicht auf uns fest, er stempelt uns nicht ein grelles ALLZUMAL SÜNDER auf die Stirn.

Er legt uns nicht fest, sondern er befreit. Längst hat er in den dunklen Raum der Schuld eine Tür gebrochen und uns allen den ans Kreuz genagelten Jesus Christus zum Weg und zur Wahrheit und zum Leben gemacht.

Gott ist kein Rächer, sondern ein Liebhaber. Und weiß viel tausend Wege für uns Tunichtgutse.

Wir *waren* Sünder, schreibt Paulus. Mag er das Wort seitdem nun auch nicht mehr verwenden?

Eine Zeitlang werde ich, wann immer das Wort *Sünder* in der Kirche fällt, es ganz schnell heimlich austauschen und statt dessen *Tunichtgut* hören. Da blitzt dann neben Gottes Zorn gleich seine Gnade und Liebe auf. Und das Leben leuchtet wieder.

Sünder – das soll nie mehr das letzte Wort sein, wenn Gott über uns Menschen spricht, und nicht das erste, wenn wir es tun.

GEBET: Laß uns darauf vertrauen,
daß du es gut mit uns meinst, Gott,
viel mehr, als wir es denken können. Amen.

LIED: Auf, Seele, auf und säume nicht (EG 73, 1–5)

Maria Jepsen

Okuli

Wer seine Hand an den Pflug legt und sieht zurück,
der ist nicht geschickt für das Reich Gottes.

Lukas 9,62

Als ich mit Pferden und Handpflug das Tiefackern lernen mußte, schärfte mir der Bauer als Norm ein, daß die Furche auch ja gerade werden müsse. Denn daran würde man erkennen, was der Bauer und sein Knecht wert seien. Also habe ich mich immer einmal umgesehen, ob meine Furche hinter mir auch schnurgerade wird. Und jedes Mal, wenn ich mich umblickte, kippte der Pflug aus der Furche. Ich muß ihn mit sehr viel Zeit- und Kraftaufwand von neuem einsetzen und hatte hinterher immer noch eine Zick-Zack-Linie als Kurve. »Dreh dich nicht um nach fremden Schatten«, habe ich mir zum Trost gepfiffen, als ich endlich begriff: Nach hinten schauen bringt nichts. Sich nach vorn orientieren und konzentrieren, hilft weiter.

Hatte Jesus diese Erfahrung im Blick, als er einem seiner Fans die Härte der Nachfolge klarmachen wollte? Selbst einen Abschied von Verwandten und Freunden verwehrte ihm Jesus. Das ist hart, für manche vielleicht zu hart. Seine Jünger will Jesus ganz. Er will sie mit dem Blick auf ihn.

Die meisten von uns sind in einer Ortsgemeinde beheimatet und bleiben es auch ein Leben lang. Nur wenige müssen um ihres Christseins willen umziehen oder wandern, Freundschaften aufgeben und persönliche Kontakte kappen. In anderen Ländern der Erde wandern ganze Familien um ihres Glaubens willen aus und kommen oft bei uns als Flüchtlinge an.

»Nicht geschickt zum Reiche Gottes«, meint nicht die Untauglichkeit, in das Reich Gottes zu kommen, sondern die Unfähigkeit für den Dienst am Reich Gottes. Wer sein Christsein mehr als Dienst und weniger als Konsum auffaßt, nähert sich dem Gehalt dieses Jesuswortes.

Ich habe die Zusage Jesu in seiner unerbittlichen Konsequenz schon manchmal als Befreiung erlebt: Wir sind nicht an Vergangenes gebunden, nicht an die vierzig Jahre DDR-Zeit, noch an überholte Formen und Traditionen; weder an Fehlentscheidungen noch an die Vorwürfe von unfreundlichen Freunden. Mit der Berufung auf Christus können wir jedes Mal neu anfangen. Mit Christus können wir Neuland unter den Pflug nehmen. »Das Alte ist vergangen, siehe es ist alles neu geworden.« Wir haben ihn auf unserer Seite, wenn wir an seiner Seite sind.

GEBET: Danke, Herr, daß du uns die Zukunft öffnest
und uns kraftvoll in den nächsten Tag mitnimmst.
Befreie uns von allem, was uns bindet,
und mache uns frei für deinen Dienst,
heute und immer wieder neu. Amen.

LIED: Mir nach, spricht Christus, unser Held (EG 385)

Roland Hoffmann

Lätare

*Wenn das Weizenkorn nicht in die Erde fällt
und erstirbt, bleibt es allein;
wenn es aber erstirbt, bringt es viel Frucht.*

Johannes 12,24

Ich liebe den Gang durch die Felder am Rande unserer Stadt. Ich liebe es, zu beobachten, was da alles wächst: Korn, Zuckerrübe, Mais, Spargel, Kartoffeln. Darum ist mir das Bild im Wochenspruch ganz vertraut. Ich sehe das im Jahreslauf immer wieder: Säen und Pflanzen, Heranwachsen und Abernten.

Der Wochenspruch hat aus diesem so vielgestaltigen Prozeß nur einen kleinen Ausschnitt herausgenommen: die Saat des Korns und das Herauswachsen des neuen Keims aus der vergehenden Hülle des gesäten Korns. Dieses Bild spricht für sich. Aus dem, was stirbt, wird etwas Neues entstehen, das ein Vielfaches an Frucht mit sich bringt.

Dieses Bild ist so einleuchtend, daß wir es gerne auf vieles in unserm Leben anwenden. Wie Abschiede auch zugleich ganz neue, reiche Erfahrungen ermöglichen.

Oder wie es für die alte Kirche hieß: das Sterben der Märtyrer ist der Samen für ein neues Wachsen der Kirche.

Nun führt uns der Wochenspruch am Sonntag Lätare ganz hinein in die Passionszeit. Er bezieht das Bild auf Jesus, seinen Tod und die Wirkung seines Todes an uns. Der Tod Jesu verliert dabei seinen nur traurig stimmenden Charakter. Der Wochenspruch hebt ja auf die neues Leben schaffende Wirkung des Todes Jesu ab. Sein Tod ermöglicht uns ganz neues Leben aus Gott. Leben in großer Fülle, wie es sonst nicht möglich wäre. Leben, dem die Befreiung von aller drückenden Schuld zugesagt ist. Leben, das wachsen kann, wie der Halm, der viel Frucht trägt.

So ist auch der Sonntag Lätare mit diesem Wochenspruch ein kleines Fest der Befreiung und Freude mitten in der Passionszeit.

GEBET: Herr Jesus Christus, du hast dich in den Tod gegeben, damit wir das Leben haben.
Du bist in das Dunkel des Todes gegangen, damit wir im Licht deiner Auferstehung leben können.
Laß uns in Dankbarkeit für dein Leiden im Glauben und Hoffen die Frucht deines Sterbens bringen. Amen.

LIED: Die Sach' ist dein, Herr Jesu Christ (EG 606 Pfalz)

Eberhard Cherdron

Judika

Der Menschen Sohn ist nicht gekommen,
daß er sich dienen lasse,
sondern daß er diene und gebe sein Leben
zu einer Erlösung für viele.

Matthäus 20,38

In Bethlehem nahm der Christusweg seinen für uns Menschen sichtbaren Anfang. Nicht königlich nach menschlichem Verständnis, sondern erbärmlich, fast unwürdig der Beginn dieses Lebens. Gott nahm die Gestalt eines Dienenden an. Die Christuslinie beginnt nicht unten, nicht in der Tiefe. Sie beginnt oben in der Höhe, aus der Höhe kommt Gott in diesem Menschen Jesus Christus zu uns. Und die Christuslinie erreicht ihren tiefsten Punkt, indem der mensch-gewordene Gott dem Tod ausgeliefert wird.

Der Christusweg ist ein Weg des Hingebens, des Aufgebens, des Dienens. Alles, was menschliches Leben nach unserer Sicht lebenswert und schön macht, fehlt diesem Weg. Der Weg nach Golgatha ist der Inbegriff allen Leidens und Sterbens dieser Welt.

Ist es richtig, dies immer wieder zu betonen und hiervon zu reden? Das Bild des Leidenden, des Dienenden paßt nicht in diese Welt. Es war damals vor 2000 Jahren fremd. Selbst die Freunde Jesu verstanden nicht, warum der von ihnen Verehrte diesen Weg ging. Das Bild des Leidens paßt auch heute nicht in diese Welt, obwohl die Welt so voller Leid ist. Krankheit zeichnet die Gesichter von Menschen. Einsamkeit, Gequältsein und Leiden an sich zeichnen sich in den Gesichtern ab. Und dazu kommt das Leiden an dem, was von Menschen anderen grausam und brutal, unmenschlich und kaum faßbar angetan wird.

Diese unendliche Last des Leidens, des Leidens auch an der eigenen Schuld, wird leichter, wird tragbar, weil einer mit uns geht, weil einer mit uns trägt, ja für uns trägt.

Der Christusweg gibt uns dafür Gewißheit. Sein Weg nimmt da, wo er am tiefsten ist, eine neue Richtung. Es bleibt nicht beim Klagen, beim ratlosen und fassungslosen Dabeistehen. Mitten in seinem Kampf beginnt das neue Leben. Die Christuslinie, der Christusweg wendet sich nach oben.

Das schafft Befreiung für die, die sich zu ihm halten, für die vielen, die ungenannten, die in allen Zeiten in ihm den Herrn über Leben und Tod erkannten, und die sich nicht scheuen zu sagen, »daß Jesus Christus der Herr ist«.

GEBET: Herr, unser Gott, barmherziger Vater!
Wir danken dir, daß du Jesus Christus, deinen Sohn, für uns in diese Welt gesandt hast.
Wir danken dir, daß wir in ihm den haben, der für uns lebt, stirbt und das Leben wieder gewinnt.
Laß uns in seiner Nähe und in seiner Liebe bleiben.
Amen.

LIED: O Mensch, bewein deine Sünde groß (EG 76)

Hermann Beste

Palmsonntag

Der Menschensohn muß erhöht werden,
damit alle, die an ihn glauben, das ewige Leben haben.

Johannes 3,14 und 15

Muß *erhöht* werden ... Dies Wort hat zwei Schichten: erhöhen zu Macht und Ruhm und erhöhen, das ist aufgehängt werden ans Kreuz. Wir können uns diese Schichten nicht paradox genug vorstellen. Da sind die Herrscher auf dem hohen Thron, die gefeierten Stars im Rampenlicht, die Bosse, die Führer, »die da oben«. Nach ihren Vorstellungen und Möglichkeiten gebrauchen sie die Macht. Verantwortlich oder egoistisch, behutsam oder brutal, umsichtig oder rücksichtslos. Oft genug mal so, mal so. – Es ist ein durchgängiges Thema unserer Heiligen Schrift: Die Erhöhten und Mächtigen stürzt Gott von ihrem Thron, ihr Ruhm ist vergänglich, ihre Macht steht auf tönernen Füßen.

Der Menschensohn aber wird erhöht auf immer. Das ist christliches Bekenntnis im Blick auf Jesus von Nazaret. Erhöht aber auf seltsame Weise. Sein Podium ist das Kreuz. Er wird erhöht auf dem Schafott. Vorher stand er verspottet am Pranger, gedemütigt in der Folter, und wurde öffentlich verhöhnt. Menschlich erniedrigt, das ist das Leben für die Welt. So lautet die Botschaft, die alte. Das Wort der Liebe Gottes entlarvt alle Kräfte einer kranken, sterbenden Welt. Alle wollen nach oben an das wärmende Licht der Liebe und Anerkennung. Oft wird der Kampf um die Erhöhung auf Kosten anderer geführt. Aber man zahlt, manchmal unbemerkt, einen hohen Preis. Wer sich so erhöhen will, verliert die Tiefe. Menschliche Schwächen müssen vertuscht werden. Krankheiten dürfen nicht eingestanden werden. Fehler werden anderen angelastet. Wer sich so erhöht, muß sich um seine Fassade kümmern, wird oberflächlich, lernt nie das menschliche Leben in seiner ganzen Tiefe kennen. Wesentliche Erfahrungen bleiben verborgen.

Der Gekreuzigte offenbart die wahre Natur solcher Machtansprüche. Die Botschaft ist eine Zumutung. Man kann mit ihr – menschlich gesehen – keine Ehre einlegen.

Wir wissen, der Protest gegen das Kreuz ist uralt. Es gilt als ein lebensfeindliches Zeichen. Es kann als Zeichen der Rechtfertigung für Verbrechen mißbraucht werden. Es kann als Kult- und Schmuckstück verharmlost werden. Es bleibt aber eine ewige Zumutung: »Ein zerbrochener Mensch am Kreuz tot geschunden als Vollender göttlichen Willens, als Heil der Welt« (Peter Beier). Es bleibt ewig bei diesem Anstoß. Aber nichts bleibt vom christlichen Glauben, wenn dieses ausgespart wird.

Menschen können ihr ganzes Vertrauen auf ihn setzen. Niemand muß sich selbst erhöhen. Alle können darauf vertrauen, daß ihre Erhöhung mit der Erhöhung Jesu Christi beschlossen ist. Alle, die an ihn glauben, werden das ewige Leben haben. Das ist unverlierbar. Darum müssen wir weder fürchten noch kämpfen.

Sorgen und kämpfen können wir deshalb für andere, weil wir frei geworden sind aus der Sorge um uns selbst. Wir werden durchgehalten in allen Höhen und Tiefen unseres Lebens. Das können wir sagen, das können wir uns selber sagen, das können wir anderen sagen und das können wir durch unsere Existenz dokumentieren, denn es trägt und stützt uns selber.

GEBET: Barmherziger Gott, wir danken dir, daß du uns durch die Erhöhung deines Sohnes
von der Sorge um uns selbst befreit hast. Du befreist uns von dem armseligen Leben,
das in der Sorge um Liebe und Anerkennung und Selbstbestätigung vergeht.
Du machst in unserem Leben Raum für andere Menschen,
die unsere Sorge, unsere Hilfe und unsere Fürbitte brauchen. Amen.

LIED: Holz auf Jesu Schulter (EG 97)

Manfred Kock

Gründonnerstag

Er hat ein Gedächtnis gestiftet seiner Wunder,
der gnädige und barmherzige Herr.

Psalm 111,4

Dieser Satz steht in einem Psalm, der Gottes große Taten preist. Sie können und dürfen nicht in Vergessenheit geraten, sondern bleiben in der Erinnerung lebendig und werden im Bekenntnis der Gemeinde vergegenwärtigt. Gott selbst – so wird mit Betonung gesagt – hat es so gefügt, daß im Gottesdienst sein Volk ihm mit seinem Lobgesang die Ehre zu geben hat. Die christliche Gemeinde nimmt dieses Wort auf, indem sie sich verdeutlicht, was im Leiden, Sterben und Auferstehen ihres Herrn geschah: Mitten im Dunkel der Verlassenheit, in die Christus eingetreten ist, wird sichtbar, daß es nun keine Situation gibt – wohin wir auch geraten mögen –, in der nicht auch im bittersten Elend der gnädige Gott bei uns ist. Denn er hat Christi Kreuz zu einer immerwährenden Erinnerung gesetzt, die uns alle Tage trösten und aufrichten kann und soll.

Als der Herr von seinen Jüngern Abschied nahm, hat er ihnen die Zusage seiner bleibenden Gegenwart gegeben: Nehmet hin und esset – nehmet hin und trinket – das tut zu meinem Gedächtnis. Indem sein Wort ausgerufen und sein Mahl gefeiert wird, ist er bei den Seinen. Wie sich das alte Israel am Passafest daran erinnerte, daß Gottes mächtige Hand sein Volk aus der Knechtschaft erlöst hat, so empfängt die christliche Gemeinde unter Brot und Wein die Freiheit, die ihr Herr ihr schenkt. Wird das Gedächtnis der Wunder, die Gott getan hat, lebendig gehalten, so gewinnt die Wirklichkeit des neuen Lebens in Christus Gestalt.

Martin Luther hat unserem Psalm im Jahr 1530 eine ausführliche Erklärung gewidmet, in der es heißt: »Was ist nun ein Gedächtnis und welches sind die Wunder Gottes, derer wir in unserem Osterfest gedenken sollen?« Antwort: »Es ist, daß man die unaussprechlichen Wunder öffentlich predigen und bekennen soll, die Gott uns durch Christus getan hat ... Er heißt an dieser Stelle nicht anders als ›der gnädige und barmherzige Herr‹. Gib du ihm keinen anderen Namen in deinem Herzen.« (WA 31, 1, 412–414)

GEBET: Jesu, wahres Brot des Lebens,
 hilf, daß ich doch nicht vergebens
 oder mir vielleicht zum Schaden
 sei zu deinem Tisch geladen.
 Laß mich durch dies heilge Essen
 deine Liebe recht ermessen,
 daß ich auch, wie jetzt auf Erden,
 mög dein Gast im Himmel werden. (EG 218, 6)

LIED: Das sollt ihr, Jesu Jünger, nie vergessen (EG 221, 1–3)

Eduard Lohse

Karfreitag

Also hat Gott die Welt geliebt,
daß er seinen eingeborenen Sohn gab,
damit alle die an ihn glauben, nicht verloren werden,
sondern das ewige Leben haben.

Johannes 3,16

Ohne Liebe gedeiht kein Menschenleben.
Sicher, auch das Straßenkind in Brasilien wächst irgendwie heran; ebenso das Kind bei uns, das ›alles hat‹, seine Eltern
aber im Grunde stört. Es ist dann wie bei Blumen, die im
Schatten wachsen und zu wenig Wasser bekommen – sie ent-
falten sich langsam und kärglich. – Es müßte nicht so sein ...

Andersherum: Manchmal sieht man auf der Straße ein altes
Ehepaar. Sie schreiten langsam aus, aber sie halten sich leicht
bei der Hand. Ihre Liebe hat ein Leben lang gehalten. Wenn eines Tages der eine Teil stirbt, folgt der andere bald nach. – Unsere Liebe ist endlich.

Wer je einen anderen Menschen wirklich geliebt hat, weiß
auch, was er ihm lebenslang schuldig geblieben ist. Wohl dem,
der das wahrnimmt. Aber es ist schwer, mit solcher Wahrneh-
mung weiterzuleben. – Wer nimmt die Last ab?

Heute ist Karfreitag. Wir denken an das Leiden und Sterben
unseres Herrn Jesus Christus. Er ist gekreuzigt worden – eine
schlimme Art zu sterben. Mußte das wirklich *so* sein?

❊❊

Der Tagesspruch für Karfreitag lautet:
»Also hat Gott die Welt geliebt, daß er seinen eingeborenen
Sohn gab, auf daß alle, die an ihn glauben, nicht verloren wer-
den, sondern das ewige Leben haben.«

Nicht jedes Wort werden wir sogleich verstehen. Aber die Worte im Zusammenhang sagen klar, warum Jesus am Kreuz sterben ›mußte‹.

Es liegt an der Liebe Gottes. Gott liebt uns. Wir sind, wie wir sind, zwiespältig, oft eigensinnig. Aber Gott liebt uns.

Jesus hat Gottes Liebe gelebt bis zuletzt, in seinem Reden, mit seinem Handeln. Jesus hätte sich seinem Tod entziehen können. Aber Gottes Liebe wäre dann abgebrochen gewesen. So aber ist Gottes Liebe besiegelt. Wer darauf vertraut, wird leben – solange er hier lebt, und darüber hinaus in Gottes Ewigkeit. Die Ewigkeit steht offen. Wir kommen bei Gottes Liebe an. Es tut gut, darauf zu vertrauen.

GEBET: Lieber himmlischer Vater, laß uns still werden
vor dem Kreuz deines Sohnes, unseres Erlösers.
Laß uns deine Liebe fassen und auf sie vertrauen,
für unser Leben hier und für immer in deinem Reich.
Amen.

LIED: Wir danken dir, Herr Jesu Christ (EG 79)

Johannes Hempel

Osterfest

Christus spricht: Ich war tot, und siehe,
ich bin lebendig von Ewigkeit zu Ewigkeit
und habe die Schlüssel der Hölle und des Todes.

Offenbarung 1,18

Was haben wir eigentlich von Ostern? Wir sollten »hinein-kriechen« in das Erleben der Frauen und Männer um Jesus. Das reicht. Wie werden sie Jesus erlebt haben? Er hat Gott mit »Abba« angeredet – Papa, Vaterle, Väterchen – das war ganz ungewöhnlich. In seinen Gleichnissen und wie er dabei Gottes Urteil als eigenes Urteil aussprach, spürten sie seine Gottesbeziehung. Seine Heilungen waren göttliche Machterweise. Das Reich Gottes war nahe. Grund zu Umkehr. Die Zeit mit ihm muß wie ein Paradies gewesen sein.

Dann aber brach das Unglück herein. Er starb am Kreuz. Gott war doch nicht mit ihm. Sie haben ihm später den 22. Psalm in den Mund gelegt: Mein Gott, mein Gott warum hast du mich verlassen? So war es. Mit einem Schrei war er unversöhnt gestorben. Die Gottesnähe, die er in seinen guten Tagen repräsentierte, hielt er nicht durch. Die Kreuzigung – »siehe, ich war tot«, sagt unser Wochenspruch – war eine religiöse Katastrophe. Verständlich, daß sie flohen, ihn verrieten, wie Petrus. Wer Gott repräsentieren will, darf nicht so enden.

»Siehe, ich bin lebendig von Ewigkeit zu Ewigkeit« – dann sahen sie ihn. Ostern. Gern wüßte ich genauer, wie das war. Aber abseits der Jünger- und Jüngerinnenberichte über Ostern ist nichts wirklich zu fassen. Sie sahen ihn lebendig. Nicht wiederbelebt, sondern als Gottesleben. Sie wußten plötzlich: Es hatte alles von Gott her so sein sollen. Gott hatte ihn am Kreuz nicht verlassen. Er hatte im Tod noch Gott vertreten. Das Kreuz kam durch Ostern in ein ganz neues Licht. Den Mühseligen und Beladenen hatte er Gottes Nähe zugesagt. Nun hatte er sich der Macht des Todes ausgesetzt und Gott darin vertreten. Dann hat mit Christus die Entmachtung des Todes, das ewige Leben begonnen. Dann hat er »die Schlüssel der Hölle und des Todes«. Dann gewinnt der Tod doch nicht, und die Hölle hat nicht das letzte Wort. Wie Dürers »Ritter zwischen Tod und Teufel« können wir nun unser Leben leben, angefochten von unseren Karfreitagen, von unserer Sünde und Verzweiflung und dennoch befreit, immer wieder auf dem Weg mit den Jüngern nach Emmaus. Das reicht. Gott sei Dank.

GEBET: Herr Jesus Christus,
gib daß ich mein Kreuz,
meine Angst um mich,
meine Sehnsucht nach Erfüllung
mit deinem Karfreitag im österlichen Licht verbinde.
Nimm mich hinein in dein ewiges Leben. Amen.

LIED: Christ ist erstanden (EG 99)

Horst Hirschler

Quasimodogeniti

Gelobt sei Gott, der Vater unseres Herrn Jesus Christus,
der uns nach seiner großen Barmherzigkeit
wiedergeboren hat zu einer lebendigen Hoffnung
durch die Auferstehung Jesu Christi von den Toten.

1. Petrus 1,3

»Solange ich lebe, hoffe ich« lautete vorzeiten ein Buchtitel. Hoffnung gehört zum Leben des Menschen wie die Luft zum Atmen. So verschieden wir Menschen sind, so verschieden sind auch unsere Hoffnungen. Alle Hoffnungen haben aber eine gemeinsame Wurzel in der Lebenshoffnung, die uns trotz mancher Enttäuschungen befähigt, dem Leben offen und zuversichtlich zu begegnen. Es ist aber gut und hilfreich, nach dem tragenden Grund dieser Hoffnung zu fragen, um gegebenenfalls Hilfe und Schutz gegen Resignation und Verbitterung zu finden.

Die großen wissenschaftlichen und technischen Errungenschaften verleiten dazu, alle Hoffnung auf den Menschen und seine Leistung zu setzen. Sicher ist uns durch Wissenschaft und Technik vieles erleichtert worden. Uns sind daraus viele Hilfen in Krankheit und Not erwachsen. Das wollen wir immer dankbar bedenken. Doch müssen wir auch erkennen, daß der Mensch trotz allen wissenschaftlichen Fortschritts kein anderer geworden ist als er vor mehr als 2000 Jahren gewesen ist. Neid und Haß, Krieg und Zerstörung schaffen immer wieder neues Elend. Offenbar lernt die Menschheit nicht dazu, wohl der einzelne Mensch. Noch schwerer wiegen für uns persönliche Situationen scheinbarer Ausweglosigkeit und Hoffnungslosigkeit. Alle gut gemeinten Worte helfen hier wenig.

Solche Grenzerfahrungen des Lebens können den Menschen öffnen für eine neue Dimension des Lebens, wie sie der 1. Petrusbrief anspricht:

»Gelobt sei Gott, der Vater unseres Herrn Jesus Christus, der uns nach seiner großen Barmherzigkeit wiedergeboren hat zu einer lebendigen Hoffnung durch die Auferstehung Jesu Christi von den Toten.«

In der Botschaft von der Auferstehung Christi gibt Gott sich uns zu erkennen als der Herr über Leben und Tod. Auf ihn gründet sich unsere Hoffnung und unser Vertrauen. In Gott hat die Hoffnung ihren festen Grund, der keine weitere Begründung findet als die Erfahrung, die wir mit diesem Gott und seinem Christus in unserem Leben gemacht haben. Im Gottvertrauen können alle Enttäuschungen dieser Welt überwunden werden. Das macht Christen zu Hoffnungsträgern in dieser Welt voller Widersprüche.

GEBET: Barmherziger Gott und Vater,
du allein schenkst uns bleibende Hoffnung im Leben und im Sterben.
Bewahre du uns auf der gefahrvollen Reise unseres Lebens
und halte unsere Seelen nahe bei dir.
Stärke unseren Glauben und mach uns zu Hoffnungsträgern in dieser Welt,
daß viele in dir Kraft und Zuversicht für diese Zeit und die Ewigkeit finden. Amen.

LIED: Jesus meine Zuversicht (EG 526)

Wilhelm Sievers

Miserikordias Domini

*Ich bin der gute Hirte. Der gute Hirte gibt sein Leben
für die Schafe.
Meine Schafe hören meine Stimme, und ich kenne sie,
und sie folgen mir.
Und ich gebe ihnen das ewige Leben, und sie werden
in Ewigkeit nicht umkommen,
und niemand wird sie aus meiner Hand reißen.*

Johannes 10,11.27.28

»Der gute Hirte« – ein Bild aus vergangenen Tagen? Eine
Idylle, die es nur noch auf Bildern gibt? Oder die unbe-
wußte Abwehr, nicht unter die Schafe gerechnet zu werden, die
ohne zu denken irgendeinem hinterherlaufen?

Wenn ich bei einem Geburtstag oder einem Krankenbesuch
frage, welchen Psalm ich lesen soll, dann wünschen die meisten
den 23. Psalm, den Psalm vom Guten Hirten. Daraus spricht
großes Vertrauen, gespeist aus gemachten Erfahrungen wie
beim Psalmdichter selbst. Ich spüre große Hoffnung, selbst in
schwierigen Situationen. Und Dank wird hörbar in diesem
Wunsch im Blick auf den zurückgelegten Weg.

»Ich bin der gute Hirte«, sagt Jesus. Nicht einer unter vielen,
austauschbar mit anderen. Unverwechselbar sagt dies der, den
Gott in diese Welt gesandt hat. Ihm zu folgen, ist ein entschei-
dender Schritt, der unser ganzes Leben prägt, ein Bekenntnis.

Die Worte, die das Verhältnis zwischen Hirt und Herde bei
Jesus charakterisieren, sind denn auch kurz und knapp.

»Meine Schafe hören meine Stimme, und ich kenne sie, und
sie folgen mir.«

Schäfer sind meist wortkarge Leute. Sie halten keine langen
Reden. Aber sie wissen genau, worauf es ankommt. Hören,
Kennen, Folgen, das ist entscheidend für den Hirten und seine
Herde. Das ist entscheidend für Christus und seine Gemeinde.

Gott hat mit ihm, mit Jesus Christus, einen Weg beschritten, der wirklich einzigartig und ohne Parallele ist, und diesen Schritt tat Gott, weil er uns kennt. Er kennt uns so gut, daß Jesus Christus den Weg von der Krippe bis zum Kreuz in dieser Welt gegangen ist.

»Der gute Hirte läßt sein Leben für die Schafe.«

Gott opfert nicht irgendwen oder gar uns, er opfert sich selbst. Das ist so ungewöhnlich, auch im Vergleich zu anderen Religionen, daß es uns immer wieder unglaublich erscheint.

Wir können also wissen, warum wir diesem Herrn folgen. Wir müssen nicht den Verstand ausschalten, um dies zu tun. Gerade umgekehrt: Gott möchte sehr bewußte und überzeugte Nachfolger. Das tägliche Leben ist ein weites Übungsfeld dafür. Ich hoffe immer, daß die Menschen um uns herum aus unserem Leben folgern, es lohne sich, sich auf Jesus Christus einzulassen, zu seiner Kirche und Gemeinde zu gehören, ihn zum Hirten zu haben, zum Guten Hirten.

GEBET: Herr Jesus Christus, du allein bist der gute Hirte.
Du hast dein Leben für uns hingegeben.
Schenke uns jeden Tag neu
den Mut, die Kraft und die Zuversicht,
dir allein nachzufolgen
und dich als Ziel unseres Lebens zu erkennen. Amen.

LIED: Der Herr ist mein getreuer Hirt (EG 274)

Eberhardt Renz

Jubilate

Ist jemand in Christus, so ist er eine neue Kreatur;
das Alte ist vergangen, siehe, Neues ist geworden.

2. Korinther 5,17

Wer in und mit Christus lebt, kann überzeugt sein, daß die grundlegende Veränderung zu Neuem sich schon ereignet hat. Gott selbst hat gehandelt und unsere Welt vom Kopf wieder auf die Füße gestellt. Nun ist es an uns Christen, diese Erneuerung der Verhältnisse gelten zu lassen und unsere Lebensführung darauf einzustellen. Gott läßt uns in dieser bisher von uns so schlecht bewahrten Welt auch in Zukunft nicht allein. Er läßt uns auch mit den Konsequenzen unserer Irrtümer und Fehler aus der Vergangenheit nicht allein. Er legt das Kreuz des Christus, des Gottes- und Menschensohnes gleichsam als Brücke über den Abgrund, der uns von einem Neuanfang im Glauben und von einem Leben nach den Weisungen Jesu Christi trennen will. Gottverlassenheit und Gottvergessenheit sind überwunden.

Indem Gott in Jesus Christus begonnen hat, sein Reich mitten unter uns aufzurichten, ist er uns schon weit entgegengekommen. Dieses Entgegenkommen ist die Grundlage für alle Erneuerung. »Das Wort von der Versöhnung« (2 Kor 5,19) ist die frohe Botschaft, daß wir gottvergessenen Weltmenschen doch nicht gottverlassen leben müssen. Das Alte ist wirklich vergangen; so ist nicht unsere Verlorenheit ins Gestrige, sondern unsere Möglichkeit, nun zu neuen Ufern gelangen zu können, vor Gott das Entscheidende. Daß diese Wende zur guten Zukunft hin schon geschehen ist, ist auch Grund genug, wieder Mut zu fassen und Brücken der Versöhnung über bisherige Fremdheiten und bisherige Enttäuschungen hinweg zu bauen hin zum Nächsten, zum Hilflosen, zum Fragenden vor unserer Tür oder um die nächste Straßenecke. Gedankenreich, aber tatenarm, wie wir sind, nützte der Jubel über die Erneuerung unserer Möglichkeiten vor

Gott und den Menschen wenig, wenn wir dabei die konkrete Schuld, die augenblickliche Furcht vor der Wahrheit, die aktuelle Friedensgefährdung übersähen. Wir brauchen aber nicht so zu leben wie Menschen, die »keine Hoffnung haben« (1 Thess 4,13).

Nach dem großen Brückenschlag über den Abgrund werden wir von Gott so gesehen, als hätten wir die Bürgerschaft im Reiche Gottes schon ergriffen. Mit dem christlichen Versöhnungsdienst, der neue Verhältnisse und neue Schritte nicht scheut, sind Indifferenz gegenüber den Gefährdungen für Frieden, Gerechtigkeit und Lebensbewahrung sowie fromme Selbstgenügsamkeit schlechterdings ausgeschlossen. Christen müssen als aus dem Neuen Glaubende und Lebende die Dinge immer auch aus der Perspektive der Opfer der alten Verhältnisse sehen. Darum steigen sie vom hohen Roß hinunter und knien bei den Opfern, über die jedermann sonst hinweggeht. Aus dem Vertrauen in das Versöhnungshandeln Gottes in Jesus Christus finden wir auch den Mut zur Wahrheit im Umgang mit vergangener Schuld und den schweren Erinnerungen an die Enttäuschungen, welche wir mit uns selbst oder mit anderen erlebt haben. Gott deckt Schuld auf, »doch er deckt auf, damit vergeben und versöhnt werde« (Kurt Scharf).

Was wir brauchen, ist eine erneuernde und befreiende Sprache unserer Verkündigung, welche die Dinge beim Namen nennt, ohne zu verletzen, um so in Wahrheit zur Versöhnung zu gelangen. So wird uns im Übergang zum 21. Jahrhundert ein erneuertes und versöhntes Verhältnis zu unseren Mitmenschen gelingen.

GEBET: Gott, unsere Welt ist in Christus neu geworden.
        Wir bitten dich, überwinde unsere Zerrissenheit,
        unsere Feindschaften und die Abgründe von Schuld
        durch das Wort von der Versöhnung. Löse uns aus
        altem Denken. Verwandle und erneuere uns
        durch Jesus Christus, den Auferstandenen. Amen.

LIED: Jesus ist kommen (EG 66, 1.2.8)

Helge Klassohn

Kantate

Singet dem Herrn ein neues Lied,
denn er tut Wunder.

Psalm 98,1

Die Aufforderung paßt zu der Jahreszeit, in die die Woche nach dem Sonntag Kantate fällt. Sehnsüchtige Erwartungen verbinden sich mit den ersten wärmenden Sonnenstrahlen der Osterzeit. Von der Abfolge dieser Sonntage hat der alemannische Pfarrer und Dichter Peter Hebel einmal gesagt, in den Liedern und Texten dieser Sonntage nach Ostern blühe es nur so auf vor lauter österlicher Freude. Und was in den Gottesdiensten dieser Zeit gefeiert wird, findet seine Entsprechung im Aufblühen der Natur. Freude erfüllt unsere Herzen, wenn die Knospen der Bäume und Sträucher aufbrechen und die graue Winterlandschaft in ein Blütenmeer verwandeln – welche Pracht sich da entfaltet. An ihr dürfen wir uns ebenso freuen wie am Gesang und an der Musik, diesen besonderen Gottesgaben, diesem kostbaren Geschenk, das uns Menschen anvertraut ist, damit wir Gott loben und andere Menschen in unsere Freude mit hineinnehmen: »Singet dem Herrn ein neues Lied, denn er tut Wunder.«

Es ist erstaunlich, wie schnell die frühe Christenheit sich ihre eigenen Hymnen geschaffen und für das Lob Gottes musikalische Ausdrucksformen gefunden hat. Sie konnte dabei an den Psalmen der Hebräischen Bibel anknüpfen. Die wunderbare Zuwendung Gottes zu den Menschen wurde dabei ganz unmittelbar und auf neue Weise erfahren. So fand der christliche Glaube auch schnell eine eigene Sprache. Schon bald nach der Entstehung des Christentums berichtet ein heidnischer Beobachter von dem für ihn seltsamen Brauch der Christen, an einem bestimmten Tag der Woche, nämlich am Sonntag, dem Tag der Auferstehung Jesu – vor Sonnenaufgang – zusammenzukommen und ihrem Gott einen Wechselgesang darzubringen. Aus diesen Anfängen hat sich ein ungeheuerer Reichtum an Liedern und kirchenmusikalischen Gestaltungen entwickelt. Nicht zuletzt die Choräle von Johann Sebastian Bach haben den christlichen Glauben in seiner protestantischen Prägung neu erschlossen. Aber auch an Johann Crüger sollte man erinnern, den Kantor an St. Nikolai in Berlin, der so viele Lieder – insbesondere Texte von Paul Gerhard – vertont und zu einem unverlierbaren, wunderbaren Schatz unserer Kirche gemacht hat.

Manchen mag die Aufforderung des Psalmisten unzeitgemäß erscheinen. Unser Alltag ist oft von anderem als von Lobliedern bestimmt. Oft schrill und ohne den Glanz des Wunderbaren klingt uns ein Widerhall der rastlosen und unübersichtlich gewordenen Welt in den Ohren. Gesang und Musik spiegeln in unseren Tagen stärker *diese* Welt als daß sie dem Lob Gottes und seiner Wunder Ausdruck verleihen. Doch genauso, wie der Psalmist die im babylonischen Exil lebenden Israeliten aus einer der Gottesverehrung entfremdeten Umwelt herausruft, so hat auch für uns diese Aufforderung nichts von ihrer erneuernden Kraft verloren. Wie uns die Blütenpracht der zu neuem Leben erwachenden Natur erfreut und wie uns diese Pracht zu einem Widerschein des Osterglanzes wird, so erreicht uns die wunderbare Nähe Gottes in besonderer Weise im Lobgesang.

GEBET: Gütiger Gott,
du rust uns heraus aus allem, was uns von dir trennt.
Wer sich zu dir hält, erfährt Befreiung.
Von der Freiheit, die in uns ist,
wollen wir vor der Welt Zeugnis ablegen. Amen.

LIED: Nun freut euch, lieben Christen g'mein (EG 341)

Wolfgang Huber

Rogate

Gelobt sei Gott, der mein Gebet nicht verwirft,
noch seine Güte von mir wendet.

Psalm 66,20

Ein schlichtes, klares, dankbares Lob. Ich lasse es stehen und gelten und freue mich mit allen Menschen, die solches sagen können.

Warum kann ich aber doch nicht so unbefangen und freimütig dieses Lob mitsprechen, wie ich es gerne täte, obwohl mich die Tiefe der Gottesbegegnung berührt und das Wort von der Güte mich erinnert an all das Gute, das ich in meinem Leben erfahren durfte?

Sind es die vielen anscheinend vergeblichen Stoßgebete und Hilfeschreie in unserer Welt? Ist es die ungerechte Verteilung der Güter dieser Erde, die zum Himmel schreit; so laut, daß unsere Gebete davor zerschellen? Oder ist es einfach diese heidnische Angst, das Glück zu verschreien, wenn man sich glücklich nennt?

Die Angst vor dem Verlust des Glücks hat schon manchen daran gehindert, sein Glück zu versuchen. Die Angst, daß sein Gebet nicht erhört wird, hat schon manchen abgehalten, sich Gott zu öffnen. Die Sorge um Hab und Gut und erst recht der Neid auf die Güter der anderen haben schon allzuoft die kleine Flamme der Güte erstickt.

Wir brauchen das Lob als Damm gegen die nagende Angst,
etwas, alles, oder gar uns selber zu verlieren.
Wir brauchen das Gebet als Stimme gegen das verzehrende Schweigen,
das einen nach dem anderen in seinem Kerker verschließt.
Wir brauchen die Güte, das selbstvergessene Leben aus Lob und Gebet,
dessen Schein das Dunkel vertreibt.

GEBET: Befreie mich, Gott, von den Ängsten und Mauern,
die mich hindern, mich dir zu sagen.
Befreie mich, Gott, von den Ängsten und Mauern,
die mich hindern, deiner Güte zu trauen.
Befreie mich, Gott, von den Ängsten und Mauern,
die mich hindern, in der Spannweite des Gebetes
dein Lob zu singen und aus deiner Güte zu leuchten.
Amen.

LIED: Bewahre uns, Gott, behüte uns, Gott (EG 171)

Herwig Sturm

*Christus spricht: Wenn ich erhöht werde von der Erde,
so will ich alle zu mir ziehen.*

Johannes 12,32

Das ist eine unmißverständliche, klare und zielgerichtete
Aussage Jesu. Er will alle in seiner Nähe haben. Das ist
zugleich ein ungeheurer Anspruch. Denn »alle« kann nur im
umfassenden Sinn verstanden werden, ohne Ausnahmen und
nicht eingrenzend auf die Jünger Jesu. Voraussetzung ist: *Alle*
Menschen leben fern von Gott; es bleibt lebensnotwendig, alle
aus der Ferne in die Nähe zu Gott zu holen.

Deshalb ist Gott Mensch geworden, hat wie wir Menschen
das vielfältige Leben gelebt, den Tod erlitten und die Mitmenschen somit wieder verlassen. Jesus war wie jeder Mensch an
unsere irdischen Dimensionen von Zeit, Ort und Raum gebunden. Der Tod bestätigte diese gebundene Situation; die Tren-
nung von den zurückbleibenden Lebenden war absolut.

Sollte Gott mehr erreichen wollen, sollte sein Ziel mit der
Menschwerdung in Jesus anders lauten – z.B. alle Menschen in
seine Nähe zu ziehen –, dann mußte etwas geschehen, was alle
bisher bekannten menschlichen Dimensionen durchbrach. Der
erste Schritt zu solch einem neuen Ereignis war die Auferwek-
kung Jesu aus dem Tod. Das veränderte die persönliche Situation des Menschen Jesus radikal. Denn für ihn war somit auf-
grund des Eingreifens Gottes der »garstige Graben« überbrückt
und überwunden, den der Tod jeweils zwischen Lebenden und
Verstorbenen darstellte. Die Überwindung des trennenden Todes bedeutete für Jesus gerade das neue Leben.

Aber war es auch ein anderes Leben als vorher? Ja, denn
dazu erfolgte der zweite Schritt: die Überwindung der irdischen Dimensionen. Mit der Himmelfahrt Jesu, mit seiner damit vollzogenen Erhöhung zur Rechten Gottes (Mit-Herr-

schaft) war die Möglichkeit geschaffen, bei allen Menschen zugleich zu sein – jenseits von Zeit, Raum und Ort! Nun konnte er das Ziel verfolgen, alle Menschen zu sich zu ziehen.

Fragen wir in unserer begrenzten Denkweise nach dem Wie, so können wir auf den Glauben hinweisen, der aus dem Hören auf das Wort Christi (Röm 10,17) kommt und uns auf seine Seite zieht. Oder auf die Erfahrung, durch das Wort Gottes Mut zu bekommen, in schwierigen Lebenssituationen durchzustehen. Oder das Erlebnis der Gemeinschaft, in der ein Dankeschön gegenüber Gott für jeden Tag nicht verschwiegen wird.

Notwendig ist natürlich, daß wir bereit sind, uns auch auf die Seite Christi ziehen zu lassen. Dennoch ändert unser Glaube nichts daran, daß wir weiterhin nur irdisch existieren und in aller damit verbundenen Begrenztheit versuchen, ganzheitlich zu denken und zu fühlen, zu sehen und zu hören, wahrzunehmen und zu tasten. Allein Jesus Christus ist erhöht und an Gottes Seite getreten (Himmelfahrt). Es ist und bleibt das einmalige Geschehen Gottes in Jesus Christus, das erst den vollständigen Prozeß der Menschwerdung Gottes zu dem Ziel bringt: Menschen von überall aus der Gottesferne in die Gottesnähe zu ziehen.

GEBET: Herr, unser Gott und Vater,
dir allein verdanken wir unser Leben in deiner Nähe.
Du hast Jesus erhöht, an deine Seite gestellt
und uns damit die Gewißheit geschenkt,
daß unser Sterben und Tod uns nicht von dir trennen kann.
Wir vertrauen darauf, daß Jesus Christus
uns alle in deine Nähe gezogen hat.
Auch der Tod kann daran nichts ändern. Amen.

LIED: Wir danken dir, Herr Jesu Christ (EG 121)

Klaus Wollenweber

Pfingstfest

Es soll nicht durch Heer oder Kraft,
sondern durch meinen Geist geschehen,
spricht der Herr Zebaoth.

Sacharja 4,6

Immer wieder wird die Kirche – oft über lange Zeit – beängstigend schwach. Wie kann ihr geholfen werden? Wer wird sie stärken?

Als Antwort auf diese Fragen hat die Kirche zurückgegriffen auf ein Wort des Propheten Sacharja. Er redete, als das Volk Israel nach Jahren der Verbannung zurückgekehrt war nach Jerusalem. Wehrlos war die Stadt, ohne Tore und Mauern, und ihr Herz, der Tempel, war zerstört.

Statthalter und Oberpriester leiteten den Wiederaufbau. Da erging das Wort des Herrn durch den Propheten an den Statthalter: Es soll nicht durch Macht oder Kraft, sondern durch meinen Geist geschehen, spricht der Herr Zebaoth.

Gottes Geist: damit ist der schwebende Geistbraus gemeint, der schon über dem Chaos der Urschöpfung brütete und durch den Gott alles schuf, was wurde. Mindestens der Wiederaufbau des Tempels und der Gemeinde ist *Neuschöpfung* und nicht bloß ein äußeres Werk der Wiederherstellung und des Nachbaus.

Gott fängt immer wieder neu an.

Die Aufbietung aller menschlichen Macht und Kraft vermag zwar viel, doch Schöpfung wird daraus nie und nimmer. Das liegt jenseits unseres Vermögens.

Auch die christliche Kirche ist eine Neuschöpfung inmitten der gefallenen, entstellten Schöpfung. Sie ist Werk des Heiligen Geistes ebenso wie die Vergebung der Sünden, die Auferstehung der Toten und das ewige Leben.

Können wir selbst denn gar nichts tun?

Wir können nur äußerlich durch Recht und Ordnung einen schützenden Ring um sie legen, so wie die Tore und Mauern

Jerusalems den Tempel in der Mitte umgeben. Das Herz aber, der Tempel und der Gottesdienst, sind allein Gottes Werk.

Und wir können Gott bitten, daß er sein Werk für uns, unter uns und an uns aufrichtet – als neue Schöpfung.

GEBET: Allmächtiger Gott, lieber Vater!
Im Leiden und Sterben deines lieben Sohnes Jesus bist du gnädig über alles Maß.
Du liebst uns. Du vergißt uns nicht. Du weißt, was wir brauchen und gibst es uns.
Sieh auf unsere leeren Hände, die sich dir entgegenstrecken.
In Jesu Namen bitten wir dich: Baue deine Kirche und gib uns etwas von deinem guten Heiligen Geist, damit wir deine Kinder werden
und vorankommen auf dem Weg, auf den du uns gestellt hast. Amen.

LIED: Komm, Heiliger Geist, Herre Gott (EG 125)

Eduard Berger

Trinitatis

Heilig, heilig, heilig ist der Herr Zebaoth,
alle Lande sind seiner Ehre voll!

Jesaja 6,3

Als mathematische Formel ist die Dreieinigkeit nicht gemeint. Daß Gott aber als der Eine, und das heißt als Derselbe begegnet, im Geheimnis des Vaters, des Sohnes und des Heiligen Geistes, ist die wunderbare Erfahrung, die ein Christ machen kann. Im Wunder des Lebens, der Schöpfung des Universums aus dem Nichts, des Lebens auf diesem Planeten Erde, und nicht zuletzt im Wunder meines eigenen Lebens, erfahre ich die Unendlichkeit Gottes. Im Wunder der Erscheinung Jesu Christi, in dem unvergleichlichen Menschen Jesus von Nazareth erfahre ich Grund und Tiefe aller Menschlichkeit des Menschen. Im Wunder des Heiligen Geistes erfahre ich die Aktualität, die Nähe, die Bedeutung von Schöpfung und Leben Jesu für mich. Der Heilige Geist macht den Vater mit dem Sohn gegenwärtig in meinem Leben.

Ich darf glauben, daß auch meine Vergangenheit und meine Zukunft bestimmt sind von der Liebe, die Jesus Christus ausstrahlt. Das ist der existentielle Sinn der Lehre und der Feier der Dreieinigkeit. Im dreifachen »heilig, heilig, heilig« haben die Christen schon im Alten Testament diese Dreifaltigkeit vorausgesagt gefunden. Tatsache ist, daß der Prophet Jesaja in ganz unmittelbarer Gewißheit Gottes Gegenwart und Heiligkeit erfahren hat. In seinem Zeugnis dieser Heiligkeit weist er über sich selbst hinaus auf den, der größer ist als sein Zeugnis. So weisen auch unsere Erfahrungen mit Gott auf den, der größer ist als wir.

GEBET: Gott, Schöpfer allen Lebens,
Gott, Grund aller Liebe,
Gott, Hoffnung bis in Ewigkeit!
Wir danken dir, wir loben und preisen deine unergründliche Tiefe,
deine Menschenfreundlichkeit, deine unaufdringliche, unbezwingbare Nähe!
Laß uns dich verstehen, erkennen, ergründen,
um zu begreifen, daß du das Geheimnis unseres Lebens bist.
Und wenn wir scheitern mit unserer Vernunft,
dann gib uns Kraft, dich zu lieben, Gott, Vater, Sohn und Heiliger Geist!
In dir erkennen wir, daß wir selbst durch dich und mit dir ein Geheimnis sind.
Wir danken dir dafür!

LIED: Gelobet sei der Herr (EG 139, 1–5)

Hans Christian Knuth

1. Sonntag nach Trinitatis

Christus spricht: Wer euch hört, der hört mich;
und wer euch verachtet, der verachtet mich!

Lukas 10,16

Dieses Christuswort klingt für mich wie eine große Ermutigung zum Verkündigungsdienst. Nicht um unsere Worte geht es dabei, sondern um das Wort Jesu Christi und um seine Botschaft vom unserer Welt nahegekommenen Reich Gottes: »Welt und Menschen sind in der Gewalt Gottes, seine Macht ist euch heute nahe, tut Buße und glaubt an das Evangelium, wer Ohren hat zu hören, der höre.« Die alten Verheißungen der Propheten sind »heute erfüllt« (Lk 4,21) in Wort und Tat Jesu Christi. Und nur diese Botschaft gibt uns in unserem Zeugnis die Autorität und Vollmacht, im Namen Jesu Christi aufzutreten. Es geht dabei nicht um *unsere* Autorität, nicht um *unsere* Akzeptanz, nicht um *unser* Geliebtwerden, sondern um die Ausrichtung der Reich-Gottes-Botschaft, die heute und jetzt mitten unter die Leute kommen will.

Daß diese Botschaft auch überhört und abgelehnt wird, darf uns nicht dazu bringen, sie paßgerecht und angenehm machen zu wollen. Wir haben zwar eine angemessene Sprache zu finden, müssen den Leuten dafür auch »aufs Maul schauen« und dürfen ihnen doch nicht nach dem Munde reden. Wenn Worte in der Informations- und Mediengesellschaft auch schnell gesprochen sind und auch ebenso schnell an Bedeutung verlieren, wenn auch heute längst nicht mehr gilt, was gestern noch im Brustton der Überzeugung geäußert wurde, das Wort der Botschaft von der freien Gnade Gottes in Jesus Christus will allem Volk in deutlicher und elementarer Sprache angesagt sein.

Wenn das christliche Zeugnis, sei es durch Predigt, Musik, helfende Tat, sich als gültig erweist, dann geschieht dies in der Gegenwart des auferstandenen Herrn der Kirche. Er prägt den

Inhalt. Er gibt den Mut zum entschiedenen Auftreten. Er gibt den Geist und die Kraft zur Konzentration auf die Mitte. Aus sich selber können die Dienerinnen und Diener am Worte Gottes da kaum schöpfen. Sie dürfen es auch nicht. Zu leicht verfielen sie der Versuchung, den Hörern und sich selbst das Vertraute, gern Gehörte, Altbewährte immer wieder sagen zu wollen. Sie müssen selbst genau hinhören und zuhören wollen.

Vor der Verkündigung müssen wir uns die Frage direkt und persönlich gestellt sein lassen: »Was will mir Gott damit sagen?« Die besonders wirksamen Zeugen des Evangeliums waren Menschen mit einem »hörenden Herzen«. Sie waren nicht Sieger über das Bibelwort, sondern vom Wort Gottes Besiegte. Oft wurden sie darüber einsam und blieben doch in ihrer Bindung an das Wort Gottes nach den biblischen Überlieferungen erkennbar und deutlich. Denn es geht ja um nichts Geringeres als um die Ansage der Gegenwärtigkeit von Gottes Macht und Reich, des Reiches der Gerechtigkeit und des Friedens und des Lebens im Alltag dieser Welt. Nicht aus der Selbstverwirklichung, sondern aus dem über alle Dinge gestellten Vertrauen in die Gegenwart Gottes in Jesus Christus kommt die Vollmacht zum Zeugnis, die wir heute so nötig in unserer Kirche brauchen.

Als Protestanten sind wir keine christlichen Ideologen, sondern Bibelleser und Bibelhörer, die sich dem Worte aussetzen, sich ihm stellen und nicht zurückweichen. Es macht mir Sorge, wie sehr die Bibel aus dem alltäglichen Leben in den evangelischen Familien verdrängt worden ist. Damit drohen uns aber auch die Wurzeln unseres geistlichen Lebens und unserer Kraft für eine vollmächtige Predigt ausgerissen zu werden.

GEBET: Herr Jesus Christus, dir sei Dank für deine Botinnen und Boten. Als deine Nachfolger haben sie warnend und tröstend deinem Wort ihre Stimme geliehen, haben sich für die Botschaft von deinem nahen Reich eingesetzt mit ihrem ganzen Leben.
Hilf uns, daß diese Botschaft die Herzen ergreift und wir dein Wort glaubwürdig bezeugen. Amen.

LIED: Er weckt mich alle Morgen (EG 452)

Helge Klassohn

2. Sonntag nach Trinitatis

Christus spricht: Kommt her zu mir,
alle, die ihr mühselig und beladen seid.
Ich will euch erquicken.

Matthäus 11,28

Trost geht von diesem Wort aus. Und doch wird es bei manchen Lesern zunächst erst einmal Verwunderung hervor-
rufen. Überbordende, erfolgversprechende und das Verspro-
chene oft nicht einlösende Parolen kennt unsere Alltagswelt in
Fülle. Das Muster ist dabei immer das Gleiche: Kommt her …!
Seht …! Kauft …! Erlebt …! Hier werdet ihr finden …! Wir
werden euch verwöhnen …! Der biblischen Sprache nachemp-
funden werden ganz profane, der Welt zugehörige und in ihr
mehr oder weniger benötigte Dinge gleichsam in Form von
Heilsbotschaften feilgeboten. »Himmlisch« und »traumhaft«
lauten zwei besonders häufig diesen Dingen zugeeignete Attri-
bute. Ausschließlichkeit wird suggeriert, um die Anziehungs-
kraft des Produkts zu steigern.

Viele Zeitgenossen, die zwar die Sprache der Produktwer-
bung gut kennen, stutzen, wenn sie Ähnlichkeiten in ihrer Bibel wiederfinden. Fragen bleiben dabei nicht aus: Wird hier
nicht maßlos übertrieben? Können Anspruch und Wirklichkeit
bei einer so weitreichenden Aufforderung jemals in Überein-
stimmung gebracht werden?

Aber gerade diese Fragen führen zum Kern der Aussage des
Wochenspruchs. In der Lebenswelt der Menschen klaffen Anspruch und Wirklichkeit vielfach auseinander. Selbstüberschät-
zung und Hochmut trifft man zumeist bei denen an, denen es
nicht allzu schwer fällt, ihre Interessen zu verfolgen und, wenn
nötig, auch gegen den berechtigten Anspruch anderer durchzu-
setzen.

Schicksalsergebenheit oder zuweilen auch unbändiger Zorn
leiten das Verhalten derjenigen, die in ihrer Würde verletzt und

von gesellschaftlichen Prozessen ausgeschlossen werden. Allgemein hingegen wird von vielen die Klage geäußert über tiefe Gräben, die sich im Zusammenleben der Menschen auftun. Wo diese Klage ernsthaft geführt wird, dort erhält auch die Sprache der Bibel ihren neuen, unverbrauchten, ermutigenden Sinn: »Der Herr ist nahe denen, die zerbrochenen Herzens sind, und hilft denen, die ein zerschlagenes Gemüt haben.« (Ps 34,19)

Diese Nähe erhält Gestalt in dem menschlichen Antlitz Jesu. Und dieses Antlitz erkennen wir in seiner großen Barmherzigkeit, die darin Ausdruck findet, daß er unser Unvermögen, unseren Hochmut sogar wie auch unsere Schwachheit auf sich nimmt. In ihm erfahren wir die Treue Gottes. Wir entdecken in Jesus den Bruder der Menschen und erkennen seine, des Menschen Gottebenbildlichkeit in ihm. Und schließlich enthüllt sich in und durch diesen Jesus von Nazareth für uns eine Dimension der Wirklichkeit, in der Umkehr aus unseren Abwegen möglich wird. Wir finden einen Zugang zu einem »Leben in der Wahrheit«. Von einer solchen Perspektive geht für alle, die sich ihr nicht verschließen, Erquickung aus.

GEBET: Gütiger Gott, du bleibst uns nicht verborgen,
auch wenn sich unsere Wege von dir entfernen.
Durch deinen Sohn erfahren wir deine Nähe neu.
Unsere Irrungen und Versäumnisse
nimmst du durch ihn von uns und eröffnest uns
neues Leben in deiner Wahrheit. Amen.

LIED: Sonne der Gerechtigkeit (EG 263)

Wolfgang Huber

3. Sonntag nach Trinitatis

Der Menschensohn ist gekommen,
zu suchen und selig zu machen,
was verloren ist.

Lukas 19,10

Eine erste Assoziation aus dem weltlichen Bereich: Such-anzeigen in Tages- und Wochenzeitungen. Seitenlang: vom Kinderbett über die passenden Autoteile bis hin zur Lebens-partnerin. Alles wird gesucht!

Eine zweite Assoziation: In unserer weithin üblichen Weg-werfgesellschaft bleibt weg, was verloren ist. Alles ist ersetz-bar! Das Suchen des Verlorenen dauert viel zu lange. Zeit ist Geld! Deshalb lieber gleich etwas Neues kaufen.

Dazu gehört aber ebenso die andere Seite: Eine Kette, ein Ring, ein für mich wertvoller Gegenstand ist verlorengegangen. Oft hängen viele Erinnerungen an dem »Verlorenen«. Meist sind wir untröstlich. Wenn wir trotz fieberhafter und stunden-langer Suche nach einem verlorenen Gegenstand erfolglos sind und uns mit dem Verlust abfinden, ist zumindest der ideelle Wert nicht ersetzbar. Nicht selten bleibt ein tiefsitzender Schmerz zurück, eine kleine Vorahnung von dem unfaßbaren Schmerz der Trauer, die uns bei einem Todesfall ergreifen kann. Man sagt ja dann auch: »Ich habe einen Menschen verloren.«

Eine dritte Assoziation: »Wer's glaubt, wird selig« – das ist eine bedenkliche Variante zum Wochenspruch. Näher liegt wohl: einen anderen Menschen zufrieden und glücklich ma-chen. Wenn man jemand selig machen möchte, dann soll dieser Mensch sich wohlfühlen. Im Wochenspruch sind Adressat und Zielrichtung klar benannt: Es geht nicht um Gegenstände, son-dern um Menschen; diese sollen ein sinnvolles Leben ge-schenkt bekommen.

Eine vierte Assoziation oder besser: die wesentliche Aussage besteht darin, daß der Menschensohn gekommen ist. Das ist

Realität, keine Verheißung und kein Wunschdenken. »Menschensohn« ist ein Titel, der Hoheit und Würde zum Ausdruck bringt. Man kann ihn durch die gebräuchlicheren Worte wie Gottessohn, Messias, Christus ersetzen. Dabei ist unbestritten, daß jeder Titel einen anderen Aspekt betont. Entscheidend ist jedoch, daß der »Menschensohn« eine Person ist, die mit ihrem Denken und Fühlen ganz auf uns Menschen gerichtet ist; sie will uns ein sinnvolles, glücklich zu preisendes Leben schenken. Wir heute sind angesprochen. Wir sind die von Gott verlorenen Geschöpfe, die so unzufrieden, deprimiert und sorgenvoll leben. Wir wurden gefunden und wir werden glücklich, selig gepriesen.

Was wünschen wir uns eigentlich noch oder noch mehr?

GEBET: Herr, unser Gott und Vater,
aus großem Dank heraus leben wir
als die, die du gesucht und gefunden hast.
Immer wieder sind Sorgen und Nöte bei uns stärker
als das Vertrauen,
daß du bereits bekommen bist, um uns Lebenssinn
zu schenken.
Hilf uns, unsere alltäglichen Belange besser einzuschätzen,
so daß wir wahrnehmen, wie sinnvoll unser Leben ist.
Denn du begleitest uns. Amen.

LIED: Such, wer da will, ein ander Ziel (EG 346)

Klaus Wollenweber

4. Sonntag nach Trinitatis

Einer trage des anderen Last,
so werdet ihr das Gesetz Christi erfüllen.

Galater 6,2

Das Gesetz Christis ist das Gesetz, nach dem Christus selbst trägt und das er deshalb auch uns, den Getragenen, auferlegt. Dieses Gesetz ist einfach und schwer zugleich: alle und alles tragen. Dazu ist er gesandt.

Der heilige Christophorus hat eine kleine Ahnung davon bekommen, als er das Christuskind durch den Fluß trug. Wenn Christus nicht in Wahrheit Christophorus getragen hätte, niemals hätte er das Kind auch nur aufheben, geschweige denn durchs Wasser tragen können.

So ist es mit allem, die wir ein Stück tragen sollen, und so ist es mit allem, was uns zu tragen aufgegeben und bestimmt ist. Der uns selbst trägt, der erwartet, daß wir auf uns nehmen und tragen, was eigentlich doch er trägt, weil er ja uns trägt. Deshalb ist sein Joch sanft und seine Last leicht. Aber es ist bei weitem kein Scherz.

Denn nur indem wir einer des anderen Last tragen, erweisen und bewähren wir, daß es uns ernst ist mit dem Glauben: er, Christus, erfüllt zuerst selbst das *Gesetz der tragenden Liebe* gänzlich, ehe er es uns in Maßen zumutet.

Und es ist wahrhaftig eine Zumutung, zuerst sich selbst tragen lassen zu müssen, damit wir dann des andern Last tragen können. Wer es unternähme, seinen Nächsten und seines Nächsten Last tragen zu wollen aus eigener Kraft und natürlichem Vermögen, der würde sehr bald spüren: Ich habe mich übernommen und Unmögliches versucht. Das ist eine niederschmetternde Erfahrung, die geradewegs in die Verzweiflung führt. Und dies um so tiefer und schneller, je hochgemuter dieser Versuch mit bester Absicht unternommen wird. Davor behüte uns Gott!

GEBET: Herr Jesus Christus, du bist es, der uns trägt.
Wie hart und schwer dies ist,
das sehen wir an deinem Leiden und Sterben am Kreuz.
Noch heute trägst du uns in der Kraft deiner Liebe,
derentwegen dich Gott, der Vater, auferweckt hat.
Erfülle unser Herz mit deiner Liebe,
damit wir gern auf uns nehmen, was du uns auferlegst,
du ewig und unermüdlich Tragender,
und damit wir heimgelangen auf deinem Herzen zum Vater. Amen.

LIED: Liebe, die du mich zum Bilde (EG 401)

Eduard Berger

5. Sonntag nach Trinitatis

Aus Gnade seid ihr selig geworden durch Glauben,
und das nicht aus euch: Gottes Gabe ist es.

Epheser 2,8

Glaubensfragen sind Lebensfragen. Daraus erklärt sich die Härte des Streites, die mit der Diskussion wichtiger Glaubensfragen häufig verbunden ist. Es wird geurteilt, verurteilt und nicht selten verdammt. Hinter der Härte versteckt sich die Angst, die eigenen Überzeugungen könnten ins Wanken geraten.

Auch in neutestamentlicher Zeit wurde um Glaubens- und Lebensfragen erbittert gerungen. Es ging darum, die neue Identität der ersten christlichen Gemeinden zu bestimmen. Fragen des Zusammenlebens und der Ethik, des Einhaltens »äußerer« Gewohnheiten und Sitten bekamen ein ungeheures Gewicht. An ihnen sollte sich entscheiden, was Glaube auf dem richtigen Lebensweg sei. Das entschied sich nach Meinung einiger Eiferer z. B. daran, ob man Schweinefleisch aß oder nicht. Daraus wurden Fragen des Heils, in Zeit und Ewigkeit, Fragen des wahren oder falschen Glaubens.

Glaubensfragen sind nun einmal Lebensfragen. Und deshalb ist es so schwer, bei der Diskussion von Glaubensfragen das richtige Maß zu finden, gerade wenn gestritten werden muß. Deshalb muß gerade frommen Menschen immer wieder gesagt werden: Gottes Gnade war es und bleibt es, wenn unser Leben in der Zeit gelingt, wir mit uns identisch werden und andere spüren: Wir sind Gottes geliebte Geschöpfe. Es war und bleibt seine Gabe, wenn wir Vertrauen in Gottes Wort und Weisung fassen und unser Leben und das Zusammenleben mit anderen davon bestimmt wird.

Gottes Gnade und seine Gaben eignen sich nicht dazu, daraus ewig gültige menschliche Prinzipien abzuleiten. Denn diese stellen häufig nichts anderes dar als in Worte gegossene Hartherzigkeit oder sie repräsentieren die engen Grenzen unseres Denkens. Und je größer der Eifer, desto gewaltsamer wird der Druck erlebt, der von solchen Menschen mit ihren Forderungen und Prinzipien ausgeht. Wir begegnen in ihnen häufig jener eigentümlichen Mischung aus Aggression und Angst, die etwas völlig anderes ist als das gelassene Vertrauen auf Gottes Geleit. Es schlägt uns vielmehr das Mißtrauen entgegen, daß durch anders gelebte Glaubens- und Lebensentscheidungen die eigenen Glaubens- und Lebenswege in Frage gestellt werden. Weil das eigene Heil bedroht zu sein scheint, gibt es keinen Pardon.

Gottes Gaben und seine Gnade zielen aber nicht auf die Formulierung eherner Gesetze zur Lösung unserer Glaubens- und Lebensfragen. Beides sind ja lebendige Gaben. Der lebendige Herr nimmt uns mit auf Glaubens- und Lebenswege, auf denen ich mich ganz auf ihn verlassen kann. Das führt zu einer lebendigen Gewißheit, die etwas anderes ist als das Leben nach ewig gültigen Prinzipien. Denn der Glaube führt in eine lebendige Beziehung, die auch veränderlich und revidierbar ist.

Das ist so wie mit der Liebe: auch die können wir nicht »ausrechnen«. Sie eignet sich nicht dazu, den Partner oder die Partnerin zum Gegenstand meines Kalküls zu machen. Sie entzieht sich den Festlegungen, die mit prinzipiellen Vorstellungen oder Erwartungen verbunden sind. Liebe riskiert den freien Raum des Vertrauens und des Zutrauens. Sie lebt aus der geschenkten und angenommenen Gewißheit, zusammenzugehören. Nur solche Gewißheiten gibt es im Glauben. Sie sind keine ewig gültigen Sicherheiten. Sie bleiben in der Lebendigkeit des Lebens und sind angewiesen auf die Treue Gottes, der sich uns in seiner Liebe immer wieder zuwendet.

GEBET: Gnädiger Gott, wir danken dir für deine Treue zu uns. Du erleichterst uns das Sorgen um die richtigen Entscheidungen für unser Leben und unseren Glauben. Um Mut, Phantasie und Kraft zu einem Leben aus dem gewissen Vertrauen zu dir bitten wir dich. Amen.

LIED: Vertraut den Wegen (EG 395)

Nikolaus Schneider

6. Sonntag nach Trinitatis

So spricht der HERR, der dich geschaffen hat,
Jakob, und dich gemacht hat, Israel:
Fürchte dich nicht, denn ich habe dich erlöst;
ich habe dich bei deinem Namen gerufen;
du bist mein!

Jesaja 43,1

Der Ostertermin kann früh oder spät liegen, der 6. Sonntag nach Trinitatis fällt gewöhnlich in die Sommerferien. Als Gemeindepfarrer bedaure ich das in jedem Jahr aufs neue. Nicht nur der Wochenspruch, der auch ein oft gewählter Taufspruch ist, weist diesen Sonntag als einen Taufgedächtnissonntag aus. Das heutige Evangelium (der Taufbefehl nach Matthäus 28) und die Epistel (»Wir sind auf den Tod des Herrn getauft«, Römer 6) tun ein übriges. Der Sonntag hat eine klare Prägung, aber aus praktischen Gründen verschieben unsere Kirchengemeinden Taufgedächtnisfeiern meist auf einen anderen Sonntag. Tauferinnerung ist nötig. In unserer heutigen Welt, wo so viele Menschen ungetauft bleiben, umso mehr.

Schon Martin Luther soll einen Zettel an die Wand über seinem Arbeitsplatz gepinnt haben, mit nur einem Wort darauf (in der lateinischen Sprache läßt sich in einem Wort sagen, wozu wir drei benötigen): Baptismo – Ich bin getauft! Und wenn ihn der Unmut oder die Verzweiflung packen wollten, brauchte er nur den Blick zu heben: Ach so, beinahe hätte ich es schon wieder vergessen: Ich bin doch getauft.

Der Wochenspruch kann uns einen sehr praktischen und anschaulichen Aspekt der christlichen Taufe vermitteln helfen: Gott kennt mich ganz persönlich. Sein gnädiges Erbarmen gilt mir ganz konkret. Bei ihm bin ich auf- und eingeschrieben. Also besteht kein Grund zur Furcht vor dem Leben in dieser Welt. Mein Tauftag ist gewissermaßen das Datum, unter dem im Journal des lieben Gottes nachgeschlagen werden kann.

Unauslöschlich bin ich dort vermerkt, gewisser und dauerhafter als in anderen Journalen und Registern. Ich bin ja nicht Goethe oder Einstein und werde in dieser Welt bestimmt schnell vergessen sein, schneller als man denkt.

»Können Sie die Namen Ihrer vier Urgroßväter und vier Urgroßmütter aufzählen?« Junge Leute geraten bei dieser Frage gewöhnlich in Verlegenheit. Das ist so eine Sache mit unserer Erinnerung. Und das »Ewige Andenken«, das manchmal auf Grabsteinen und in Anzeigen versprochen wird, ist meist ein nicht einzuhaltendes Versprechen.

Da will ich dennoch ganz gelassen bleiben und meine Zuversicht darauf setzen, daß Gott mich mit Namen kennt.

GEBET: Wir danken dir Herr, Himmlischer Vater, für deine
beständige Treue
und dafür, daß du uns alle kennst und begleitest.
Schenke es uns, daß wir dieses Wissen allezeit in
unseren Herzen
und in unserem Denken bewahren
und darum getrost und gelassen in dieser Welt leben.
Amen.

LIED: Nun schreib ins Buch des Lebens (EG 207)

Axel Noack

7. Sonntag nach Trinitatis

So seid ihr nun nicht mehr Gäste und Fremdlinge,
sondern Mitbürger der Heiligen und Gottes Hausgenossen.

Epheser 2,19

Wie lange kann ein Gast zu Gast sein, ohne den Unmut der Gastgeber zu provozieren? Wie lange muß ein Gast bleiben, um vom »Fremdling« zum »Mitbürger« zu werden? Wie lange kann eine Kirche überleben, die sich darauf beschränkt, Interessenvertretung der ohnehin schon Überzeugten zu sein, ohne sich um »Gäste«, Distanzierte, (noch) nicht Dazugehörige zu kümmern?

Es ist keine Frage: Viele Menschen haben Angst vor dem Fremden, dem Ungewohnten und Neuen. Es beunruhigt und stört sie in ihrer Sicht der Welt und der Menschen. Die Ursachen dieser Angst sind oft eine mangelnde eigene Identität und die intuitive Ahnung dieses Mangels. Und dann kommt noch der beschämende politische Mißbrauch dieser Unsicherheit und Angst durch Sündenbocktheorien dazu.

Gott aber ist und bleibt der ganz andere, der unsere Vorstellungen, Ängste und Unsicherheiten weit übersteigt – wie uns auch der Wochenspruch zeigt.

Gott ist der Hausherr seines ewigen Reiches, das seit Jesus auch in dieser Welt längst schon angebrochen ist. Bei Gott, in seinem Reich, gibt es unbegrenztes *Bleiberecht* für alle! Bei Gott gibt es keine Ausländer, sondern nur Inländer: solche, die schon »Mitbürger« und »Hausgenossen« sind, und solche, die es noch werden können und sollen. So lautet Gottes Parole: Inländer raus! Denn als seine »Mitbürger« sendet er uns Christen in die Welt hinaus, um die Botschaft vom *Bleiberecht* bei ihm unter das Volk zu bringen und so neue »Hausgenossen« für sein Reich zu werben und zu gewinnen.

Vor Gott sind alle Menschen gleich. Bei ihm hat jeder

Mensch *Bleiberecht*. Ich wünsche mir unsere Kirche so offen, einladend und aufsuchend, daß ihr Dasein einen Abglanz dieser göttlichen Wirklichkeit darstellt.

GEBET: Herr Gott,
wir danken dir für die vielen Wohnungen in deinem Haus,
für unser Bleiberecht in deinem Reich.
Wir bitten dich: Hilf uns, unsere Angst vor dem Ungewohnten,
Fremden und Neuen zu überwinden.
Mache du deine Kirche zu einem Werkzeug
und einer Vermittlerin deiner gnädigen Botschaft für alle Menschen. Amen.

LIED: Du hast vereint in allen Zonen (EG 609 Westfalen)

Manfred Sorg

8. Sonntag nach Trinitatis

Lebt als Kinder des Lichts; die Frucht des Lichts ist lauter Güte und Gerechtigkeit und Wahrheit.

Epheser 5,8.9

Der Wochenspruch erinnert an unsere Berufung und an unser in der Taufe zugesprochenes Sein. Dieser Erinnerung bedürfen wir dringend, weil der Alltag mit seiner Geschäftigkeit und seiner erdrückenden Faktizität unsere Graumäusigkeit stützt und stärkt. Wir vergessen allzu leicht, daß wir in der Unübersichtlichkeit des Lebens ein Licht haben in unserem Wegbruder Jesus Christus, der uns selbst zum Licht der Welt erklärt hat.

Jesus Christus sagt: »Ich bin das Licht der Welt, wer mir nachfolgt, der wird nicht wandeln in der Finsternis, sondern wird das Licht des Lebens haben« (Joh 8, 12). Und: »Ihr seid das Licht der Welt« (Mt 5, 14). Was für ein Lebensversprechen, was für eine gewaltige, umwerfende Zusage: *Licht der Welt.*

Wir sehen auf unsere Schwäche, unsere beklagenswerte Einflußlosigkeit, unsere Müdigkeit und Kraftlosigkeit angesichts der riesigen Probleme, die vor uns liegen. Wir sind skeptisch geworden gegenüber großen visionären Entwürfen. Das Handfeste und Biedere, das sich den konkreten Sorgen von heute stellt, liegt uns näher, als so große Worte wie: »Lebt als Kinder des Lichts«.

Doch der normale Alltag, der jeden Morgen neu beginnt, ist ein Tag in der Hand Gottes. Er läuft deshalb nicht einfach ab wie das Federwerk in einer Uhr, Takt für Takt von 0.00 Uhr bis 24.00 Uhr. Der Tag ist vielmehr durchdrungen von dem Licht der Welt, an dem wir in der Gemeinschaft mit Jesus Christus teilhaben. Dieses Licht der Welt erlischt nicht, auch wenn wir oft verwirrt sind und nur Finsternis um uns her sehen. Denkt in euren alltäglichen Sorgen daran und vergeßt es nicht: *Ihr seid in der unverbrüchlichen und unzerstörbaren Gemeinschaft mit Jesus Christus Kinder des Lichts – also lebt auch danach.*

Dieses Licht wird einmal alle Welt erfüllen. Deshalb sollen wir jetzt schon nach den Gesetzen dieses Lichtes leben und nicht etwa nach den Gesetzen der Finsternis, nach dem Gesetz des: Wie du mir, so ich dir. Unser alltägliches Denken und Tun, das sich mit den großen und kleinen Sorgen unseres Lebens und dieser Welt auseinandersetzt, steht im Lichte von Jesus Christus, der bei uns ist alle Tage bis an der Welt Ende. In diesem Licht wächst lautere Güte und Gerechtigkeit, die dem Nächsten und dem Fernen, dem Freund und dem Feind gerecht wird. In diesem Licht haben Versöhnung und Liebe Raum und deshalb auch Wahrheit, die nicht vergißt, verdrängt, wegschaut, sondern sieht, was war und was ist. Wer meint, in der Dunkelheit des Lebens könne man nur mit den Wölfen heulen, hält die Aussagen von der Frucht des Lichts, die lauter Güte und Gerechtigkeit und Wahrheit ist, für weltfremd. Aus der Perspektive unseres Wochenspruches müssen wir aber sagen: *Das ist nicht weltfremd, sondern weltfreundlich, weil es der umfassenden Weltenfreundlichkeit Gottes angemessen ist und weil diese allein einen Lebenspfad in eine lichte Zukunft eröffnet.*

GEBET: Gott, du bist das Licht, das uns allen neues Leben eröffnet. Mach uns zu Kindern des Lichtes, daß wir einander nicht als Feinde, sondern als Partner begegnen; daß wir einander nicht ängstigen, sondern vertrauen; daß wir einander Leben nicht verwehren, sondern Leben erschließen. Erleuchte uns mit deiner Wahrheit, daß wir es wagen, loszulassen, womit wir einander beschweren, und miteinander suchen, was unser Leben trägt und erfüllt. Mach unsere Phantasie fruchtbar, Grenzen, die uns trennen, zu überwinden; Waffen, mit denen wir drohen, zu begraben; Gesetze, die aus Angst entstanden, zu verwandeln in einer Gemeinschaft, die der Liebe Gottes vertraut. Amen.

LIED: Du höchstes Licht, du ew'ger Schein (EG 441)

Louis-Ferdinand v. Zobeltitz

9. Sonntag nach Trinitatis

Wem viel gegeben ist, bei dem wird man viel suchen;
und wem viel anvertraut ist,
bei dem wird man um so mehr fordern.

Lukas 12,48

»Der größere Ärger ist mit der höheren Besoldung abgegolten«, so hörte ich es oft im Kreis der Kollegen in den Kirchenleitungen. Und das paßt ja so recht auf diesen Wochenspruch. Wer eine bessere Besoldung bekommt, soll dann auch in Kauf nehmen, daß er mehr zu tun hat, mehr Ärger auch bekommt. So ist es nun einmal im Berufsleben.

Brauchen wir dazu einen biblischen Spruch? Sicherlich nicht. Aber – dieser Spruch meint ja nun gar nicht unser Berufsleben und die Regeln, die in ihm gelten. Er meint ja wirklich und wahrhaftig unser Glaubensleben. Wer einen reichen und großen Glauben hat, der soll sich auch entsprechend für Gottes Reich einsetzen. Wem nur ein kleiner und schwacher Glaube geschenkt wurde, der wird eben nicht so viel tun müssen.

Es fällt mir schwer, diesem Gedanken etwas Gutes abzugewinnen. Zu sehr bin ich darin befangen, daß das Geschenk des Glaubens nicht an Werke oder besondere Anforderungen gebunden ist. Und auch die Wirkungen des Glaubens scheinen mir frei von allen Anforderungen sein zu müssen. Diese Verknüpfung von Größe und Stärke des Glaubens und den besonderen zu erwartenden Wirkungen kommt mir unevangelisch vor.

Und doch möchte ich mich einmal darauf einlassen. Indem ich nicht den einzelnen mit dieser Forderung belaste, sondern uns als Kirche: Wo wir solch ein Glaubensgut haben, werden wir als Gesamtheit der Kirche danach gefragt, was wir damit anfangen. Haben wir tatsächlich immer die nötige Rechenschaft des Glaubens abgegeben? Die Worte gesagt, die wir dieser Gesellschaft schuldig sind? Haben wir nicht oft unseren

Glauben versteckt und unter dem Tisch gehalten, weil er gerade nicht so angenehm war?

So gesehen ist dieser Wochenspruch eine Ermutigung – für uns als Kirche, aber dann vielleicht auch für den einzelnen –, tapfer zum Glaubenszeugnis zu stehen.

GEBET: Herr, unser Gott.
Das Geschenk des Glaubens, das du uns gibst,
ist so groß, daß wir es weitersagen müssen:
wie du in unserm Leben Schuld vergibst,
wie du uns befreist aus allen schrecklichen Bindungen.
Dein Wort ist Kraft und Trost für unser Leben.
Laß auch in unsern Worten
diese Kraft und diesen Trost für andere Menschen
sichtbar werden. Amen.

LIED: Ich weiß, mein Gott, daß all mein Tun (EG 497)

Eberhard Cherdron

10. Sonntag nach Trinitatis

Wohl dem Volk, dessen Gott der Herr ist,
dem Volk, das er zum Erbe erwählt hat!

Psalm 33,12

Die Auslegung muß sich vor dem Mißverständnis hüten, als wolle der Psalm einen Wunsch ausdrücken, den jedes Volk der Erde frei hat. Oder als wolle der Psalmist die Völker der Erde auffordern, sich Gott zuzuwenden, damit es ihnen gut gehe. Nein, der Psalm preist allein das Volk Israel. Denn dieses allein ist Gottes »Erbbesitz«, sein ewiges Eigentum. Wenn wir Christen den Psalm beten und ihn als Wort Gottes auch an uns hören wollen, bekennen wir zugleich die bleibende Erwählung der Juden. Wir treten als das in Christus erwählte neue Volk Gottes aus den Völkern neben das Eigentum Gottes, Israel. Die Mauern zwischen uns sind in Jesus Christus überwunden und es ist Frieden gestiftet, wie der Epheserbrief formuliert (Eph 2,14 f.).

Dann sind uns aber auch Erfahrungen und Einsichten zugänglich, die Israel mit Gott gemacht hat. Sie verändern sich dadurch, daß wir aus den Völkern sie machen. Für viele Menschen unserer Tage ist der Weltlauf und das Leben überhaupt rätselhaft, dunkel und wenig sinnvoll. Politische, ökonomische und soziale Katastrophen prägen das Bild einer unerbittlichen Geschichte der Kriege, der beinharten Konkurrenz, der Feindschaft und des Todes. Wir schaffen keine gerechte Verteilung der Güter der Erde. Ökologische Katastrophen entstehen, weil die Menschen keine Ehrfurcht vor dem Leben haben. Die geschändete Schöpfung verweist nur noch in ihrem Seufzen auf den Schöpfer, der für viele entbehrlich scheint.

Dagegen preist der Psalm Menschen glücklich, die hinter diese bittere Wirklichkeit blicken können und in Schöpfung und Geschichte das Bild Gottes entdecken, der alles in seinen

Händen hält und der selbst der bitteren Welt seine Güte als ihr Grundprinzip mitgegeben hat. Glauben ist dann, gegen den Augenschein in der Tiefe der Welt Gott wirken zu sehen, ihn als Schöpfer und Erhalter der Welt anzuerkennen. Das verwandelt nicht nur den Blick auf die Welt, sondern hilft dazu, mit den Kräften, die wir haben, das Gesicht der Welt auf Gottes Güte hin zu verändern.

GEBET: Gott, in allen Dunkelheiten der Welt dürfen wir dennoch dein Bild erkennen.
Wir dürfen uns trotz allem, was dagegen spricht, was wir auch selber dagegen tun, in deine Güte hüllen und sie für alle Menschen, alle Geschöpfe und alle Dinge erbitten.
Nichts, auch nicht wir selber können uns von deiner Liebe scheiden.
Segne die Menschen, die wir liebhaben, und geleite uns durch diese Woche. Amen.

LIED: Herr, deine Güte reicht, so weit der Himmel ist (EG 277,1–5)

Peter Steinacker

11. Sonntag nach Trinitatis

Gott widersteht den Hochmütigen,
aber den Demütigen gibt er Gnade

1. Petrus 5,5

Dieses Wort klingt wie eine Zusammenfassung des am Sonntag verlesenen Evangeliums, der Geschichte vom Pharisäer und vom Zöllner, die Jesus im Blick auf einige erzählt, »die sich anmaßten, fromm zu sein, und verachteten die anderen« (Lk 18,9–14). Wir haben Erfahrungen gemacht mit diesem Gleichnis – nicht nur in unserer persönlichen Geschichte, sondern auch in der Geschichte unseres Volkes. Erfahrungen, die wir nicht vergessen dürfen beim Übergang in ein neues Jahrhundert.

Gott hat uns Deutschen widerstanden, als wir geredet oder auch nur gedacht haben wie der Pharisäer, dem Jesus das Gebet in den Mund legt: »Ich danke dir, Gott, daß ich nicht bin wie die anderen Leute …« Mag sein, es gab Grund zur Dankbarkeit, ja zum Stolz im Rückblick auf die Geschichte – Grund zum Hochmut, zur Verachtung der anderen europäischen Völker gab es nicht. Auch und schon gar nicht zur Verachtung des jüdischen Volkes. »Hochmut kommt vor dem Fall«, sagt ein Sprichwort. Wer zur älteren Generation gehört, hat selbst erlebt, daß es wahr ist. Und die jüngere Generation trägt an den Folgen – noch immer, weil sie ungleich verteilt waren in Ost und West. Eine bedrückende, deshalb ungern eingestandene Erfahrung.

Es gibt aber auch die andere, befreiende Erfahrung: Gott hat uns Gnade erwiesen, mehr als einmal. Wie dem Zöllner, von dem Jesus erzählt, daß er nicht wagte, die Augen zum Himmel aufzuheben, sondern an seine Brust schlug und sprach: »Gott, sei mir Sünder gnädig!« Demut, so erkennen wir, ist nicht mehr, aber auch nicht weniger als eine realistische Selbsteinschätzung. Und gegebenenfalls die Selbstanklage, »daß wir nicht mutiger bekannt, nicht treuer gebetet, nicht fröhlicher geglaubt und nicht brennender geliebt haben«, wie im Stuttgarter Schuldbekenntnis von 1945.

Für solche Schuldbekenntnisse und die dazugehörige Bitte um Vergebung ist nicht nur am jährlichen Buß- und Bettag Gelegenheit, sondern in jedem Gottesdienst und in jeder Andacht. Es sei denn, daß unsere Schuld und Gottes Gnade – aus welchen Gründen auch immer – in unseren Gottesdiensten und Andachten nicht mehr deutlich genug zur Sprache gebracht werden. Dann müßte es von neuem versucht werden, sie überzeugend zur Sprache zu bringen.

GEBET: Vor Gott, unserem Richter, und voreinander
bekennen wir uns schuldig des Unglaubens,
der Ungerechtigkeit und des Unfriedens, im Kleinen und Großen.
Wir klagen uns an, daß wir nicht mutiger bekannt, nicht treuer gebetet,
nicht fröhlicher geglaubt und nicht brennender geliebt haben.
Wir bitten Gott um Gnade, um Vergebung unserer Schuld.
Wir hoffen zu Gott, daß er uns trotz unseres Versagens noch dazu brauchen kann, sein Evangelium zu verkündigen
und an sein Gebot zu erinnern, bei uns selbst und bei unserem ganzen Volk.
Wir hoffen zu Gott, daß dem Geist der Gewalt und der Vergeltung,
der immer von neuem mächtig werden will, in aller Welt gewehrt werde
und der Geist des Friedens und der Liebe zur Herrschaft komme,
in dem allein die gequälte Menschheit Heilung finden kann.
Gemeinsam mit der ganzen Christenheit bitten wir Gott um Erbarmen. Amen.

LIED: Aus tiefer Not schrei ich zu dir (EG 299,1–3)

Christian Zippert

12. Sonntag nach Trinitatis

Das geknickte Rohr wird er nicht zerbrechen,
und den glimmenden Docht wird er nicht auslöschen.

Jesaja 42,1

Die Bibel ist voller Bilder, so vielfältig, wie das Leben ist. In unserem Wochenspruch ist es das Bild einer Gerichtsverhandlung. Wir treten in den Gerichtssaal. Vor den Richtern auf dem Tisch liegt ein Rohrstab und steht die Gerichtslampe. Der Rohrstab ist geknickt, die Lampe flackert. Das hat symbolische Bedeutung. Es steht nicht gut um die Angeklagten. Der bisherige Ablauf des Prozesses macht ihre Verurteilung wahrscheinlich. Wenn vom vorsitzenden Richter der Rohrstab vollends zerbrochen und die Gerichtslampe ausgeblasen wird, bedeutet dies das Todesurteil. Darauf warten sie jetzt im Gerichtssaal: die Angeklagten, der Staatsanwalt, die Verteidiger.

Mit diesem Bild ist eine Grundstimmung angezeigt, die die nach Babylon deportierten Juden nicht losgeworden sind. Sie macht uns auch heute in der Kirche zu schaffen. Die Gemeinden haben wenig Ausstrahlungskraft. In der Öffentlichkeit verdunstet der Glaube. Das ist Ghettosituation wie damals zur Zeit des Propheten. Die Versuchung ist groß, sich auf die Melodie einstimmen zu lassen: Laß zerbrechen, was ohnehin vor dem Zusammenbruch steht; laß erlöschen, was ans Ende gelangt ist; kurz, laß sterben, was zum Sterben bestimmt ist.

Das Unerwartete geschieht: »Das geknickte Rohr wird er nicht zerbrechen, und den glimmenden Docht wird er nicht auslöschen.« Das steht quer zu den gängigen Erwartungen. Niemand hat sich diese Wendung der Dinge träumen lassen.

Wer ist der geheimnisvolle Knecht Gottes, dessen Wirken hier beschrieben wird? Er ist schwer zu identifizieren. Das eine aber ist unverwechselbar für ihn: Er kommt von Gott und handelt nicht nach der üblichen Devise: Mach kurzen Prozeß, es ist ohnehin alles verloren! Nein, wider allen Augenschein erkennt er an dem glimmenden Docht, daß Glut unter der Asche ist. Daraufhin nimmt er die im Glauben müde gewordenen Zeitgenossen ernst.

Die Gemeinde Jesu lebt nicht von den strahlenden Feuerwerken. Sie lebt von Menschen, die sich oft am Ende fühlen. Und doch ist da Glut unter der Asche, die nicht ausgetreten wird. Gott läßt sie neu auflodern. Schon in den Psalmen und bis heute sind dies die stärksten Gotteserfahrungen: Gott läßt uns nicht nur mit hängender Zunge überleben. Mitten in den Bedrängnissen stellt er unsere Füße auf weiten Raum (Ps 31,9b). Wir leben auf.

So ist der Gott der Bibel, und so will er in die Welt hineinwirken.

GEBET: Wo wir am Ende sind,
          du ewiger Gott,
          machst du einen neuen Anfang.
          Wir leben auf
          mitten in der Welt des Todes.
          Wir bitten dich:
          Schaffe uns und alle Welt neu
          nach deiner Liebe!
          Amen.

LIED: Er ist erstanden, Halleluja! (EG 116,1–5)

Klaus Engelhardt

13. Sonntag nach Trinitatis

Christus spricht:
Was ihr getan habt einem von diesen
meinen geringsten Brüdern,
das habt ihr mir getan.

Matthäus 25,40

Jeder kennt Deckengemälde in Kirchen, in denen Künstler das große Weltgericht nach Matthäus 25 dargestellt haben: Christus in der Mitte als Weltenrichter. Zur Rechten von ihm die Gesegneten seines Vaters, zur Linken die Verfluchten. Die Botschaft ist klar: Überlegt euch, wie ihr handelt! Euer Tun hat Folgen! Hier könnt ihr sie sehen!

Doch es gibt noch eine andere Botschaft in diesem Gleichnis, die freilich nicht gemalt wird: Christus identifiziert sich mit den Geringsten dieser Welt. Was ihr ihnen tut oder verweigert, gilt mir. Wenn ich die Zeitung aufschlage und Bilder des Elends sehe – ein mißbrauchtes Kind, eine gepeinigte Frau, ein gefolterter Mann, Menschen, die auf der Flucht sind und denen keiner ein Land zeigt, in dem sie bleiben können –, dann denke ich: Man müßte diese Menschen eigentlich mit einem Heiligenschein versehen, mit dem man Jesus in der Kunstgeschichte in der Regel als den Christus erkenntlich gemacht hat. Denn er identifiziert sich mit diesen Menschen und bezeichnet sie als seine geringsten Brüder und Schwestern.

Freilich merkt dies keiner. Am allerwenigsten die Peiniger und Mörder. Auch Abschieber verdrängen diese biblische Sicht. Sie halten sich an Gesetze und Vorschriften. Das Christuswort kommt dagegen nicht an. Vielleicht liegt dies daran, daß sich heute eigentlich keiner mehr so recht von einem großen Weltgericht beeindrucken läßt, weil sich viele Täter in Kriegs- und Krisengebieten nicht einmal vor irdischen Gerichten zu rechtfertigen brauchen.

Deswegen bewegt mich jene Spur in dem Gleichnis, in der sich Jesus mit den Opfern als seinen geringsten Brüdern und Schwestern identifiziert: Heiligenbilder zu zerstören, fällt selbst Soldaten in Kriegen schwer. Kirchen respektiert der Staat auch dann, wenn Gemeinden in ihnen Flüchtlingen christlichen Beistand leisten. Jeder Mensch in Bedrängnis ist nach diesem Wort Jesu eigentlich so etwas wie ein Heiligenbild. Seitdem sich Christus mit den Geringsten dieser Welt identifiziert, umgibt sie eine Sphäre göttlicher Unantastbarkeit. Traditioneller gesagt: Weil sie Ebenbilder Gottes sind, ist ihr Leben und ihre Würde unantastbar.

Wenn wir dieses Beziehungsgeflecht zwischen Gott und Mensch, zwischen Christus und den Geringsten wahrnehmen, wenn wir uns schützend vor die Opfer stellen wie vor das, was uns heilig ist, brauchen wir uns vor dem großen Weltgericht nicht zu fürchten. Und erst recht nicht vor dem großen Weltenrichter.

GEBET: Herr,
dich sehen in den Geringsten:
dir zu essen und zu trinken geben,
dich als Fremde aufzunehmen,
dich kleiden,
dich als Kranke und Gefangene besuchen.
Dazu öffne mir die Augen,
damit es ihnen und mir wohlergehe
und wir lange leben auf Erden.
Amen.

LIED: So jemand spricht, ich liebe Gott (EG 412)

Hermann von Loewenich

14. Sonntag nach Trinitatis

Lobe den Herrn, meine Seele,
und vergiß nicht, was er dir Gutes getan hat.

Psalm 103,2

Wochenanfänge fallen schwer, jedenfalls dann, wenn nur noch Termine und Verpflichtungen vor Augen stehen. Aufgaben, die eine nach der anderen abgearbeitet werden müssen. Abarbeiten – unter diese Perspektive gerät das Leben unversehens. Wer das zuläßt, dem wird alle Arbeit zur Mühe. Man hangelt sich von Tag zu Tag, den Blick fest auf das freie Wochenende gerichtet und in dem Empfinden, die Lebenszeit rinne unaufhaltsam durch die Hände. Wieder eine Woche, wieder ein Monat, wieder ein Jahr! Die eigene Ungeduld wächst und mit ihr die die Sehnsucht. Der Wochenspruch kann eine Wegmarke sein. Er zeigt eine Richtung.

> Lobe den Herrn, meine Seele,
> und vergiß nicht, was er dir Gutes getan hat.

Sich zu lösen von der Fixierung auf das eigene Tun. Tiefer zu sehen und zu erkennen, was für einen ohne eigenes Zutun schon getan ist. Sich zu erinnern, »was Gott dir Gutes getan hat«. Das Gute nicht als selbstverständlich hinzunehmen: Freundschaft, Ehe, Familie, Gesundheit, Schönheit der Natur, Musik und Sprache, Gemeinschaft, Rücksicht und Hilfe, Trost und Hoffnung über den Tag hinaus. In allem waltet ein Geheimnis, das wir Gott nennen. In Jesus Christus hat er sich offenbart als der himmlische Vater, von dem und zu dem alle Dinge sind. Dafür soll man ihn loben, erlöst von dem Zwang, des eigenen Glückes Schmied zu sein. Was wesentlich im Leben ist, das wird geschenkt.

Wer bewußt auf sein Leben schaut und es daraufhin überblickt, lernt zu loben. Und wer so loben kann, lernt zu leben, auch in der Widerständigkeit des Alltags, der mit jeder Woche neu beginnt. Christen feiern am Anfang der Woche den Sonntag. Tag und Stunde der Erinnerung an Gott und an seine Weisungen zum Leben: »Lobe den Herrn, meine Seele, und was in mir ist, seinen heiligen Namen« (Vers 1). So wie das Leben sich nicht nur in höchsten Tönen abspielt, dürfen dann auch die leisen, vielleicht tiefen, dunklen oder traurigen Töne zum Klingen kommen. Auch darin ehrt man seinen Namen.

GEBET: Himmlischer Vater,
für das Gute, das ich von dir empfangen, danke!
Für die leiblichen und geistlichen Gaben,
die ich zum Leben brauche.
Für Brot, Salz und Wasser,
für Glaube, Liebe und Hoffnung.
Dann will ich auch das Schwere,
das du mir auflegst,
aus deiner Hand nehmen
und vertrauen:
du weißt den Weg für mich und
bist mir gut. Amen.

LIED: Nun lob, mein Seel, den Herren (EG 289)

Christian Krause

15. Sonntag nach Trinitatis

Alle eure Sorgen werft auf ihn,
denn er sorgt für euch.

1. Petrus 5,7

Trennt euch entschlossen von euren Sorgen, werft sie auf Gott, der viel besser damit umgehen kann als ihr. Seine Sorge um euch kennt und umfaßt alles, was euch belastet.

Andere Stellen im Neuen Testament klingen mit an, aus der Bergpredigt: »Sorget nicht um eurer Leben! Sehet die Vögel unter dem Himmel! Sehet die Lilien auf dem Feld!« (Mt 6). Oder aus dem Philipper-Brief: »Sorget euch um nichts, sondern in allen Dingen laßt eure Bitten in Gebet und Flehen mit Danksagung vor Gott kundwerden« (Phil 4,6). Nicht zu vergessen: Geschrieben im Gefängnis, nicht im Überschwang, nicht aus triumphaler Laune.

Alle eure Sorgen werft auf ihn – ohne Zweifel sind wir am Kern des Evangeliums. Hier ist der Ruf der Freiheit, die keine verängstigten, freudlosen Seelen haben will, keine vergrämten, immer in der Defensive befindlichen Wesen, sondern erwartungsfrohe und zuversichtliche Menschen.

Am Kern des Evangeliums sind wir, aber auch am Kern aller Einsprüche gegen das Evangelium, denn wie soll das angehen: Alle eure Sorgen werft auf ihn? Sie sind doch immer wieder da, sie sind doch ständige Begleiter: Sorgen – um die Gesundheit, um die Kinder, um den Beruf, um das Geld, um die Kirche, um die Schöpfung, um die Wirtschaft usw.

Wir erkennen wohl, daß wir die wunderbaren Worte gegen das Sorgen brauchen, wir brauchen den Geist der Freiheit, aber da ist auch die Skepsis, da sind die Widersprüche, weil die Lebenswirklichkeit ganz anders ist.

Eins wird deutlich: Das Evangelium der Freiheit zieht uns in eine lebendige Auseinandersetzung. Es bedeutet auch Zumutung. Das Evangelium wird nicht ein für allemal gelernt, daß man sagen könnte: Jetzt hab ich's, jetzt sitzt es! Nein, es begegnet immer neu, es will immer neuen Zugang zu uns gewinnen.

Für Paulus öffnet sich der Raum der Freiheit im Gebet, in dem alles ausgesprochen werden kann vor Gott, der hört. Dieses Gebet ertrinkt auch nicht in der Sorge, es verliert nicht aus dem Blick, wofür gedankt werden kann, es sorgt für Balance.

Jesus weist auf die Vögel unter dem Himmel und die Lilien auf dem Feld, nicht im Sinne eines »Kümmert euch um nichts«. Er will uns die Augen dafür öffnen, daß diese Schöpfung voller Leben, Schönheit und Vielfalt ist. Sie ist auf Leben angelegt. Sie ist ein Zeichen der Leidenschaft Gottes für das Leben. Und für uns gilt: Ihr seid hineingenommen in diesen Lebenswillen Gottes, in dieses große Ja. Da ist Halt, da ist fester Grund, ihr werdet nicht weggeschwemmt von euren Sorgen. Und da kann man es probieren: Alle eure Sorgen werft auf ihn.

GEBET: Herr Jesus Christus,
wenn die Sorgen über uns zusammenschlagen
und die Unruhe uns beherrscht,
als müßten wir selbst alles schaffen und leisten,
dann gib, daß wir auf dich schauen
und unsere Sorgen auf dich werfen.
Laß uns aufatmen bei dir. Amen.

LIED: Wer nur den lieben Gott läßt walten (EG 369)

Karl Ludwig Kohlwage

16. Sonntag nach Trinitatis

Jesus Christus hat dem Tode die Macht genommen
und das Leben und ein unvergängliches Wesen
ans Licht gebracht
durch das Evangelium.

2. Timotheus 1,10

Bei dem Gedanken an Gott gestatten sich viele Menschen in unserem Kulturkreis die Vorstellung eines höheren Wesens, einer allgemeinen Macht, einer unerschöpflichen Energie. Wenn man die Schöpfung in ihrer Unermeßlichkeit wahrnimmt, das Leben auf der Erde in seiner faszinierenden Differenziertheit, dann wirkt es einfach platt und unkultiviert, sich mit der Erklärung zufriedenzugeben, alles sei nur beiläufiger, dummer Zufall.

Der sich selbst bestimmende, autonome Mensch räumt dann schon eine höhere Macht ein. Es liegt ihm aber sehr daran, daß dieser allgemeine Zustand der Distanz zu diesem höheren Wesen bestehenbleibt. Wenn jemand das Bedürfnis hat, eine Art Verehrung zum Ausdruck zu bringen, dann mag er es für sich tun, aber andere möglichst nicht damit behelligen: Religion als innerste Privatsache – das hat sich in unserem Kulturkreis weit verbreitet.

Nun aber berichtet unser Wochenspruch von einer Gottestat. Das »höhere Wesen« wird ganz persönlich. Gott tritt in Christus in die menschheitlichen Zusammenhänge ein. Er handelt für die Menschen. Er bemüht sich um die Menschen. Gott zeigt sein Gesicht der Liebe und der Sympathie für die Menschen.

Seine uneingeschränkte Macht innerhalb und außerhalb seiner Schöpfung kann eherne Gesetze durchbrechen. Die Macht des Todes, Verfall und letztgültige Endlichkeit kann er aufheben. Ja, er öffnet den Zugang zu seiner ewigen, vollendeten Welt. Dort gibt es Leben in unvergänglicher Vollendung.

Gott kommt auf den Menschen zu und will dem Menschen

Gutes tun, das Allerbeste. Gott sprengt das Übliche auf und schafft in Christus die Brücke zum absolut Neuen.

Dieses Handeln Gottes in Raum und Zeit, innerhalb der Menschheitsgeschichte, sagt die christliche Kirche weiter. Es handelt sich in der Tat um eine frohe Botschaft – auf griechisch um »das Evangelium«. Gott selbst durchschreitet all die diffusen Schwebezustände gedanklicher Distanz zu ihm, er durchschreitet auch alle gutgemeinten religiösen Verehrungsformen der Menschen und sucht das persönliche Vertrauen beim einzelnen Menschen. Erkennbar, deutlich und verstehbar öffnet Gott sich selbst für die Menschen in Christus. Sein irdisches Kreuz ist deutlich und verstehbar. Unser Wochenspruch sagt es aus. Hier finden wir die Tore offen zur Gotteserkenntnis.

GEBET: Ich glaube, daß die Heiligen im Geist Gemeinschaft haben,
weil sie in einer Gnade stehn und eines Geistes Gaben.
So viele Christus nennet sein,
die haben alles Gut gemein und alle Himmelsschätze.
Denn in der neuen Kreatur ist keiner klein noch größer;
wir haben einen Christus nur, den einigen Erlöser.
Das Licht, das Heil, der Morgenstern,
Wort, Tauf und Nachtmahl unsres Herrn
ist allen gleich geschenket. Amen.

LIED: Die Kirche steht gegründet (EG 264,1–3)

Heinrich Herrmanns

17. Sonntag nach Trinitatis

Unser Glaube ist der Sieg,
der die Welt überwunden hat.

1. Johannes 5,4

Siege und Sieger haben in dieser Welt viele Gesichter. Meistens ist der Stolz über die eigene Kraft und Macht für viele Jahre der Grund zu Siegesfeiern in der Geschichte. Darunter mischt sich die Ohnmacht der Besiegten. Fast immer ist es nur ein vorübergehender Wechsel zwischen Siegern und Besiegten, Tätern und Opfern. Mit einem neuen Sieg wechseln die Positionen. Über Jahrhunderte hin ist dies das grausame Spiel der Erwachsenen gewesen. Stellenweise hatte auch unsere Kirche daran Anteil.

Diese Siege sind hier nicht gemeint. Die triumphale Gewißheit unseres Bibelwortes fügt sich hier in die Mahnung der Johannesbriefe ein: Bleibt in der Liebe und bewahrt den Glauben. Es ist ein Sieg, wenn eine Gemeinde oder eine Kirche oder auch der einzelne im Bekenntnis, im Gebet und Gotteslob durchhalten. Es ist ein Sieg, wenn einer seine Zunge beherrscht, seine Klage besiegt und seine Hoffnung auf Jesus Christus setzt. Es ist ein Sieg, wenn einer aus dem Dunkel seiner Abhängigkeit auch nur einen Tag abstinent bleibt. Es ist ein Sieg, wenn einer sein Leiden durchträgt, bis es der Herr ihm abnimmt. Es ist ein Sieg Christi, wenn jemand seinen Trieben widersteht und ganz gegen seine Gewohnheit ein gutes Wort oder eine freigiebige Hand oder ein warmes Herz aufbringt. Gelegenheiten dazu gibt es viele.

Der Sieg im Johannesbrief ist vor allem die tragende Gewißheit, daß Christus das Ziel unseres Lebens und auch der Weg dorthin ist. Über alle Verfügungen hinaus und durch alle daraus resultierenden Leiden hindurch bleibt ER das Licht in aller Dunkelheit.

Aus dem Christusglauben, der Bruderliebe und der Liebe zu Gott läßt sich ein Zopf flechten, ein Rettungsseil drehen, mit dem Menschenleben und Menschenseelen gerettet werden. Nicht daß ich gerettet habe, sondern daß ich gerettet bin, ist der Sieg. Dieser Sieg wächst oft langsam und heimlich. Er befreit und setzt Kräfte frei. Darüber jubelt die Gemeinde und nimmt den oft einsamen Sieger in ihre Gemeinschaft.

GEBET: Herr, durch deinen Sieg gewinnen wir das Leben.
Gib uns die Kraft durchzuhalten.
Nimm uns mit auf deinen Weg
und zeige uns dein Ziel. Amen.

LIED: Jesus ist kommen, Grund ewiger Freude (EG 66)

Roland Hoffmann

18. Sonntag nach Trinitatis

Dies Gebot haben wir von ihm, daß, wer Gott liebt,
daß der auch seinen Bruder liebe.

1. Johannes 4,21

Unsere Zeit tut sich schwer mit dem sogenannten ethischen Konsens. Da streiten Parteien und Politiker um die Grundwerte, auf Akademien und Universitäten beklagt man den Traditionsabbruch. Die »Postmoderne« schmückt sich mit dem ethischen Relativismus und dem Pluralismus einer interreligiösen und interkulturellen Gesellschaft.

In der Tat ist es immer schwerer und immer nötiger, miteinander darüber nachzudenken, was gut und förderlich ist für unser Leben, was hilfreich für den einzelnen, nötig für den Zusammenhalt aller ist.

Dabei gibt es eine ethische Grundforderung, die schon im Alten Testament gültig war, die von Jesus genial interpretiert und gelebt wurde, so das christliche Abendland geprägt hat. Sie kann gerade auch heute Orientierung geben im Stimmengewirr.

Gottes- und Nächstenliebe, die Längsachse und die Querachse unseres Lebens, geben Orientierung und legen den Grundstein für alles, was wir tun sollen und können. »Liebe und tue, was du willst!« sagt der Kirchenvater Augustin, und selbst die Beatles fanden am Ende unseres Jahrhunderts weltweites Echo mit ihrem Erfolgsschlager »Alles, was wir brauchen, ist Liebe!«

»Das Gesetz und die Propheten«, die Grundrechte und die Menschenrechte, die Grundwerte, Freiheit, Gerechtigkeit und Solidarität sind daraus abgeleitet, werden in einem Doppelgebot zusammengefaßt. So wenig Gottesliebe ohne Nächstenliebe denkbar ist, so wichtig ist allerdings auch die Gottesliebe für die Nächstenliebe. Bei Gott lernen wir erst, was Liebe ist: Er gab sich hin bis zum Tode am Kreuz. Und ebenso lernen wir an solcher Liebe, wer Gott ist: die Macht aller Mächte, die stärker ist als die Macht des Todes.

Wer einmal ernsthaft versucht hat, dieses Gebot zu erfüllen, dem erschließen sich alle Welten des Glaubens. Wir müssen nur anfangen, es ehrlich zu wollen.

GEBET: Gott, ich bete dich an, du Macht der Liebe!
Laß deine Allmacht stärker sein als meine Ohnmacht.
Gib mir Vollmacht, mich immer für die Liebe zu entscheiden.
Laß mich deine Liebe erfahren und weitergeben.
Laß unsere Welt nicht untergehen in Haß und Krieg, in Verbrechen und Habgier.
Laß die Boten deiner Liebe gehört werden.
Gib uns Mut, der Macht deiner Liebe zu vertrauen, auch dann, wenn alles dagegen spricht. Amen.

LIED: Laß die Wurzel unsers Handelns (EG 417)

Hans Christian Knuth

Erntedankfest

Aller Augen warten auf dich
und du gibst ihnen ihre Speise zur rechten Zeit.

Psalm 145,15

Beim Erntedankfest brauchen die Augen nicht mehr zu warten; sie bekommen etwas zu sehen. Die Gemeinde zeigt ein Stück von dem, was sie glaubt: Gott gibt gern und reichlich, gestern, heute und wohl auch morgen.

Früchte des Feldes und der Bäume sind es meist auch heute noch, wie in Israel zur Zeit des Alten Testamentes, wo die ersten Früchte in den Tempel gebracht wurden als Zeichen des Dankes für die Errettung des Volkes, für das verheißene und inzwischen auch bewohnte Land und für den Segen.

Trotzdem wirkt unser Erntedankfest eher nostalgisch; denn was bedeuten Trauben und Brot auf dem Altar für Menschen, die täglich die Börsenberichte studieren oder sich um die Rückzahlung ihrer Raten Sorgen machen. Die krank sind oder denen seelische Nöte das Leben einengen und die Sorgen nähren.

Gerade dann ist der Altarschmuck wichtig; er zeigt, daß wir etwas empfangen haben. Er zeigt, daß wir von dem Empfangenen etwas abgeben können. Er zeigt, daß ›Seine Güte nicht aus‹ ist und daß darum unsere Güte tätlich neu gedacht, geplant und getan werden kann.

Das Leben ist gefährlich und endet tödlich; darüber können auch der schönste Herbst und die herrlichsten Früchte nicht hinwegtäuschen. Aber zum Zeichen können sie werden, daß im Vorläufigen und Vergänglichen Gottes bleibende Zusage aufleuchtet.

Wenn die Augen warten, ist die Zukunft noch offen.

Glauben heißt, diese offene Zukunft dankbar ergreifen und unsere Möglichkeiten wahrnehmen als die Speise, die Gott uns gibt zur rechten Zeit.

GEBET: Gott, schenke uns Augen,
die in dem Vielen dieser Welt deine Fülle sehen.
Gott, schenke uns Hände,
die klug behandeln, was du uns anvertraust;
aber auch zu teilen bereit sind.
Gott, schenke uns Orte,
an denen wir deine Güte sichtbar machen:
in Fülle und Mangel, in Klage und Lob,
in der Stille und im alltäglichen Lärm;
uns zum Trost und zur Geduld
und dir zum zeitlichen und ewigen Lob.
Amen.

LIED: Gott gab uns Atem, damit wir leben (EG 432)

Herwig Sturm

19. Sonntag nach Trinitatis

Heile du mich, Herr, so werde ich heil;
hilf du mir, so ist mir geholfen.

Jeremia 17,14

Gottes Boten haben es in dieser Welt nicht leicht. Das Leben des Propheten Jeremia ist dafür ein anschauliches Beispiel. Seine Predigten, seine Mahn- und Bittreden, ja sogar seine Trostworte finden bei vielen kein Gehör. Andere gießen ihren Spott und ihre Ironie, ihren Hochmut über ihn aus, da seine Worte scheinbar mit der Wirklichkeit so gar nichts zu haben. Der Prophet redet von Gottes Eingreifen in die Geschichte. Und doch bleibt es offenbar alles, wie es ist.

Der Prophet verliert sein Selbstvertrauen bei all diesen Stufen der Mißachtung. Er ist verletzt und tief verwundet.

Wie oft hat sich dieser Vorgang wiederholt, auch in einer seit Jahrhunderten christlich geprägten Welt. Oft sind die Formen der Ablehnung noch subtiler, feinsinniger und – wie viele meinen – geistreicher geworden. Ablehnung, das ist die eine Seite. Erfahrung der Vergeblichkeit allen Mühens, aller Einsätze für die Sache Gottes steht auf der anderen Seite.

Gibt es einen Ausweg? Genügt große Kraftanstrengung, um mit allem, was man kann, gegen diese Ablehnung anzugehen?

Der Prophet Jeremia wendet sich zuerst Gott zu. Sein Selbstvertrauen hat er verloren. Vertrauen zu Gott hat er gefunden. So betet und bekennt der Prophet: Heile du mich, Herr …

GEBET: Herr, unser Gott,
wir leiden so unter der Vergeblichkeit aller Mühen
um dein Wort.
Wir leiden unter dem Spott, der Ablehnung, der
Nichtachtung und sind tief verletzt.
Laß uns immer wieder erkennen,
daß deine Kraft größer ist als die Macht der Spötter
und Gegner.
Laß uns immer wieder Vertrauen finden in deine heilende Macht.
Erweise dich in unserer Welt als der Herr,
dessen Wort das entscheidende Gewicht hat.
Amen.

LIED: Nun laßt uns Gott, dem Herren (EG 320)

Hermann Beste

20. Sonntag nach Trinitatis

Es ist dir gesagt, Mensch, was gut ist und
was der Herr von dir fordert,
nämlich Gottes Wort halten und Liebe üben
und demütig sein vor deinem Gott.

Micha 6,8

Wir Menschen kennen die Grundregeln unseres Zusammenlebens. In den Zehn Geboten sind sie zusammengefaßt und überliefert. Alle moralischen Reden von Eltern, Erziehern, Politikern, Philosophen und Kirchenvertretern bringen darum nichts Neues. Sie folgen dem Irrweg der Vernunftgläubigkeit in der Meinung, man müßte die Menschen nur besser aufklären über das, was gut und recht ist, dann würden sie es auch tun. Weit gefehlt! Das eigentliche Problem des rechten menschlichen Verhaltens liegt nicht im Wissen und Verstehen.

Schon vor mehr als 2000 Jahren heißt es bei dem Propheten Micha: »Es ist dir gesagt, Mensch, was gut ist und was der Herr von dir fordert, nämlich Gottes Wort halten und Liebe üben und demütig sein vor deinem Gott«. Es ist gesagt! Der Mensch weiß was gut ist. Nun kommt es darauf an, das Gute zu wollen und zu tun. Dabei geht es aber um die innere Einstellung zum Leben und zu den Menschen und um die Kraft des Geistes, aus der heraus ein Leben geführt wird. Bloße Worte werden hier zunächst wenig ausrichten, weil andere Schichten im Menschen angesprochen werden müssen als allein der Verstand und das Verstehen. Am ehesten ist das persönliche Vorbild eines Menschen, der vom Glauben geprägt ist, in der Lage, Zugänge zum Menschen zu erschließen. Die ihm eigene Ausstrahlungskraft kann einen inneren Zwang zur Nachahmung auslösen. So ist uns allen in der Person Jesu ein solches Vorbild gegeben.

Dabei entsteht eine emotionale Bindung, die Neugier weckt. Sie löst den Wunsch aus, die Quellen kennenzulernen, aus denen die Kraft zu einem solchen Leben geschöpft wird. Jetzt können Worte ihren Dienst tun, um zu diesen Quellen hinzuführen. Dabei wird ein jeder das an biblischen Worten, geistlichen Liedern und Lebenserfahrungen zur Sprache bringen, was ihm selbst den Zugang erschlossen hat. Auf diese persönliche Weise wird es auch dem anderen möglich, seinen eigenen Zugang zu den Quellen des Glaubens und des Geistes zu finden, aus denen er die Kraft schöpfen kann, das Gute zu tun.

Christlicher Glaube ist gelebte Gottesgemeinschaft in der Kraft des Heiligen Geistes. Das Gute zu tun ist eine Frucht dieses Lebens und nicht seine Voraussetzung.

GEBET: Ewiger, barmherziger Gott,
schenke uns Stille und Offenheit für dein Wort,
daß deines Geistes Kraft uns erfülle und leite, das Gute zu tun.
Bewahre uns vor Überforderung
und schenke uns Genüge in dem,
zu dem du uns Kraft gegeben hast. Amen.

LIED: Erneure mich, o ewigs Licht (EG 390)

Wilhelm Sievers

21. Sonntag nach Trinitatis

Laß dich vom Bösen nicht überwinden,
sondern überwinde das Böse durch das Gute!

Römer 12,21

Gerecht soll es in der Welt zugehen, da sind sich alle in der Klasse einig. Und daß es damit nicht zum besten steht in der Welt, auch das ist für alle klar.

»Die bessere Gerechtigkeit«, von der Jesus in der Bergpredigt spricht, ist noch längst nicht erreicht. Was läßt sich tun? Was können Christen dazu beitragen? Das läßt Schülerinnen und Schüler bei der Diskussion einigermaßen ratlos.

Gewiß, es gibt große Vorbilder, Mahatma Ghandi etwa. Er beeindruckte mit seinem Prinzip, gewaltlos zu bleiben, als er um die Freiheit seines Landes kämpfte. Er verlangte »Nicht-Gewalt« zu üben als Zeichen von Kraft und Macht, nicht als Zeichen von Scham und Feigheit. Gandhis Haltung überzeugt, aber wer sind wir mit unseren kleinen Kräften und begrenzten Möglichkeiten?

»Laßt euch nicht vom Bösen überwinden!« Da hat Paulus sicher recht, dies zu versuchen. Wir meinen ja auch, über niedere Rachegefühle erhaben zu sein. Aber wir Menschen täuschen uns gern zu unseren Gunsten. Und Rache hat doch schließlich auch etwas mit »Richten« und mit »Gerechtigkeit« zu tun. Irgendwie entspricht Vergeltung doch dem menschlichen Bedürfnis nach »ausgleichender Gerechtigkeit«. Gewiß, es gibt gute Anweisungen, nicht einfach zurückzuschlagen: eine Nacht über dem zu schlafen, was passiert ist. Oder Johann Peter Hebels freundlicher Ratschlag, man solle seinem Feind keinen Stein in der Tasche und so auch keine Rache im Herzen nachtragen. Aber so leicht werden wir unsere Vergangenheit nicht los.

Gerechtigkeit muß sein, dafür plädiert auch Paulus in seinem Brief nach Rom. Wir sollen sie nicht einfach selbst in die Hand nehmen, sondern sie Gott überlassen. Hat er nicht seinen Sohn zu uns Menschen gesandt, obwohl er dies nicht mußte, oder mehr noch, obwohl alles dagegen sprach im Blick auf uns Menschen? Heißt Gottes Gerechtigkeit, also die Rechtfertigung des Sünders – das große Thema des Römerbriefes – nicht gerade, »das Böse mit Gutem überwinden«? Nicht was ich kann und weiß, was ich leiste und vorzubringen habe, ist entscheidend, sondern daß Gott mich liebt. Nicht vergelten müssen, das ist Freiheit. Sie wird uns durch Jesus geschenkt.

Mitten in der Diskussion der Klasse lese ich ihr das Gedicht »Die Füße im Feuer« von Conrad Ferdinand Meyer vor, eine Ballade voller Spannung und Dramatik. »Mein ist die Rache, spricht der Herr«, sagt der Schloßherr. Er verzichtet auf Rache, obwohl er in dem nächtlichen Gast, der sich verirrt hatte und den er aufnahm, den Mörder seiner Frau erkannt hat. Welche Freiheit, Böses mit Gutem zu überwinden. Kaum sonst ist es in der Klasse so still wie nach diesem Gedicht.

GEBET: Herr Jesus Christus, mache uns zu einem Werkzeug deines Friedens.
Gib uns aus deiner Liebe Kraft und Mut,
dem Bösen zu widerstehen und uns für das Gute einzusetzen.
In deiner Nachfolge haben viele Menschen uns ein Beispiel dafür gegeben:
Franz von Assisi, die Geschwister Scholl, Martin Luther King.
Wir danken dir für diese Vorbilder unseres Glaubens.
Wir bitten dich, daß auch wir aus der Kraft deines Wortes leben können. Amen.

LIED: So jemand spricht: Ich liebe Gott (EG 412)

Eberhardt Renz

22. Sonntag nach Trinitatis

Bei dir ist die Vergebung,
daß man dich fürchte.

Psalm 130,4

Vergebung. Ich kann mich entschuldigen; obenhin, flott da-hingesagt, denn eigentlich erklären sich die kleinen und großen Verfehlungen des Lebens ganz anders: Die Verhältnisse sind schuld und meine Erziehung, meine Erbanlagen, die Umwelt, die Gesellschaft, die anderen ... Ich kann mich entschuldigen mit tiefem Ernst, weil die Ausreden nicht taugen, weil ich Enttäuschung spüre bei mir, bei anderen, weil die Verwirrung so groß ist und die Verletzung so tief ging, weil es so, wie es geworden ist, nicht bleiben kann. Ich kann mich entschuldigen und warte doch auf Antwort, die Worte sind Bitten voller Sehnsucht und Hoffnung, es möge jemand schenken, was ich mir selbst nicht geben kann: Den neuen Anfang, die unbefangene Freiheit: Ich bin dir gut ...

Schuld. Das Leben kann verfehlt, verpfuscht sein. Ich weiß es, fühle es tief drinnen. Gute Gaben werden verschleudert, leichtfertig und oberflächlich vertan oder vergraben in Angst und Ichsucht. Die Bestimmung, im Miteinander der Geschöpfe den Reichtum des Lebens zu empfangen und zu erfahren, wird ausgeschlagen. Das Leben verkommt in Halbherzigkeiten und Haltlosigkeiten. Der kritisch prüfende Blick der anderen verrät es. Oder: Ansehen und Lebensleistung, Wohlanständigkeiten, von anderen durchaus geschätzt, haben mich dem eigenen Stolz, der Selbstgerechtigkeit ausgeliefert. Verhärtet ist das Herz.

Gottesfurcht. Gottes Wort befreit uns von uns selbst, von heilloser Selbstbezogenheit, von peinigender Selbstanklage, von verblendeter Vermessenheit. Gott gewährt Vergebung in vielfacher Gestalt: In Worten, ganz unvergleichlich: Fürchte dich nicht, ich habe dich erlöst ... In den Gaben des Mahles, da Gott selbst uns den Tisch des Glaubens deckt. In dem Licht eines neuen Tages; in den Gesichtern derer, die zu uns stehen; in Aufgaben, die uns zu sagen scheinen: Du wirst gebraucht, so wie du bist. Gottesfurcht traut der Liebe Gottes, die Anfänge schafft, wo wir fertig sind mit uns, mit anderen. Sie traut Jesus Christus, der aufrichtet aus Niedrigkeit, Schwachheit und Schuld. Sie traut dem Heiligen Geist, der Versöhnung schenkt, Verstehen vermittelt, uns füreinander öffnet und zur Liebe Mut macht.

GEBET: Guter Gott,
im Licht der Wahrheit deiner Liebe hilf uns wahrzunehmen,
wie es um uns bestellt ist.
Hilf uns zu glauben,
daß deine Vergebung neu beginnen läßt.
Hilf uns zu leben miteinander
in der Freiheit, die du uns schenkst. Amen.

LIED: Aus tiefer Not laßt uns zu Gott (EG 144, 2.4.6)

Gerrit Noltensmeier

23. Sonntag nach Trinitatis

Dem König aller Könige und Herrn aller Herren,
der allein Unsterblichkeit hat,
dem sei Ehre und ewige Macht.

1. Timotheus 6,15.16

Komisch, Jesus hat lieber ›Vater‹ gesagt als ›König‹. Und hat sich – kann man das sagen, ohne mißverstanden zu werden? – auch mehr um die Menschen gekümmert als um Gott, mehr um die Dörfer als um den Himmel. Jedenfalls heißt das Gebet von ihm ›Vater unser im Himmel‹ und nicht ›König unser im Himmel‹.

Trotzdem ist *König aller Könige* eine schöne Bezeichnung, und man sieht sie da sitzen mit ihren blinkenden, blitzenden Kronen und mittendrin auf dem Stuhl mit der höchsten Lehne und auch selber ein wenig größer als die andern: der König der Könige. Ist das das Bild, das wir von Gott haben? Oder so wie der Löwe der König der Tiere ist?

Abends im Bett zuhause, wenn die Nacht kommt dann – ich habe noch niemals ein Gebet angefangen mit dem Wort *König*. Meine Mutter hat es mir nicht beigebracht.

König, dem kein König gleichet – so haben die Pietisten Jesus besungen (Johann Jakob Rambachs Choral von 1735; da war der Sonnenkönig schon tot und Friedrich noch nicht der Große; ach, immer gab es Könige, gute und schlechte, milde und harte, wie Tropfen am Eimer so viel und dahin!). Und wie haben sie zu Gott gebetet? Und mehr noch: Wie beteten Könige, sprachen sie so wie hier im Brief zu Gott?

Ich mag das Wort *König* sehr, auch mit seinem Märchenklang inzwischen. Es ist fast unpolitisch geworden. Wenig Preußisches ist mehr übriggeblieben daran für mich, sondern Drosselbart und Dornröschen – aus der Welt heraus klingt es mir zuerst. Und da soll Gott König sein? Und wir alle, Gottes Kinder, wären Prinzessinnen dann und Prinzen? Oder doch nur Untertanen?

Seltsam eigentlich – obwohl man doch von den himmlischen Heerscharen spricht und dem himmlischen Thron und Himmelreich – habe ich noch nie gehört, daß jemand Jesus einen Prinzen genannt hätte: den Prinzen Gottes. Prinz Jesus. Und ich erinnere mich sehr genau an die Szene am See Genezareth, wie er da floh, als sie ihn zum König machen wollten (Joh 6).

Lieber Vater, guter König. Guter König, lieber Vater.

So redete ich bisher nicht; aber tausendmal und mehr habe ich, ohne zu stocken, gesungen: *Lobe den Herren, den mächtigen König der Ehren.* Und Paul Gerhardts Lied vom König und der welken Blume gehört zu meinen liebsten Liedern.

Wir denken anders, als wir singen. Und beten noch anders. Gesungen habe ich von Gott dem König immer wieder, aber nie so gebetet. Die Gebete zuhause – noch viel mehr als die vom Altar – sind nicht aus Theologie gemacht, sondern aus Herzenssprache, unkontrolliert. Ich weiß, irgendwo in meinem Herzen liegt auch das Wort *König*. Vielleicht rutscht es mir ja doch einmal heraus, wenn ich zu Gott spreche.

Doch egal, was ich sage: Wenn ich die Hände falte – Gott weiß, daß ich ihn meine.

GEBET: Laß meine Seele singen, Gott, immer wieder hier auf Erden. Amen.

LIED: Du meine Seele, singe (EG 302)

Maria Jepsen

Reformationstag

Einen anderen Grund kann niemand legen als den,
der gelegt ist,
welcher ist Jesus Christus.

1. Korinther 3,11

Wo gebaut wird, muß zuerst der Grund gelegt werden. Für die christliche Gemeinde ist der Grund gelegt. Paulus, Apollos, Luther oder andere große Männer der Christenheit waren bloß »weise Baumeister«, die den Grund der Kirche gelegt oder auf ihm weitergebaut haben, aber keineswegs der Grund selbst. Daß dieser Grund Jesus Christus allein ist, soll heißen: Kirche ist Gottes Bau, nicht Menschenwerk. Sie gründet auf dem, was Jesus Christus war und für uns Menschen getan hat. Seine Person und sein Werk und nicht eine religiöse Idee oder ein gemeinsames Ziel wie bei einem Verein stehen am Anfang der Kirche. Daß Jesus Christus uns den Willen Gottes offenbart, das anbrechende Reich Gottes verkündigt und dies durch den Tod am Kreuz und die Auferweckung von Gott besiegelt wurde, ist das Fundament der Kirche, auf dem freilich im Laufe der Jahrhunderte weitergebaut wurde. Auf diesem beständigen Grund muß allezeit weitergebaut werden, aber immer so, daß dies Fundament nicht verschüttet wird und deutlich bleibt: Jesus Christus ist unser »einiger Trost im Leben und im Sterben«, wie es im Heidelberger Katechismus heißt.

Luther wollte nicht eine neue Kirche »gründen«. Seine reformatorische Botschaft und seine Neuordnung der Kirche wollte dieses herausstellen: *Christus allein.* Christus sollte zum Zentrum unseres Glaubens, zum Mittelpunkt unseres Lebens, zum Grund unserer Hoffnung werden. Auf ihn zu bauen und nicht auf eigene Verdienste oder Leistungen, war sein entscheidendes Anliegen. Vor Gott bestehen und ihm »recht sein« und nicht sich selbst rechtfertigen wollen, war der wesentliche Inhalt seiner Verkündigung. Reformation ist diese Rückbesinnung auf den »Anfänger und Vollender des Glaubens« (Heb 12,2), der auch der Anfänger und Vollender der Kirche ist. Darum ist Reformation zu allen Zeiten nötig, auch bei uns heute.

GEBET: Herr, Jesus Christus,
du bist das Fundament deiner Kirche und unseres Lebens.
Du trägst alles mit deiner starken Hand.
In dir haben wir festen Halt.
Wir bitten dich:
Hilf uns, daß wir unser Leben auf diese Zusage gründen,
bewahre uns und deine Kirche davor,
auf unsere Verdienste und die eigenen Leistungen zu bauen.
Laß uns vielmehr Gott über alle Dinge fürchten, lieben und vertrauen. Amen.

LIED: Die Kirche steht gegründet (EG 264)

Christoph Klein

24. Sonntag nach Trinitatis

Mit Freuden sagt Dank dem Vater,
der euch tüchtig gemacht hat
zu dem Erbteil der Heiligen im Licht.

Kolosser 1,12

Nur wenn Ostern sehr früh liegt, kommt dieses Wort im Kirchenjahr zum Zuge. Zuletzt 1989, demnächst im Jahre 2008. Ob wir dann das verheißene Erbteil schon angetreten haben? Ob wir so lange unseren Glauben, unsere Liebe, unsere Hoffnung durchgehalten haben? Hätte der Apostel es für möglich gehalten, daß nach etwa 1950 Jahren seine Gedanken als Wochenspruch gelesen und bedacht werden?

Paulus rechnete mit der baldigen Wiederkunft Christi. Er blieb Junggeselle und empfahl, auf eine Heirat zu verzichten. Ihn prägte ein Stück weit die Abkehr vom Hier und Jetzt und die innige Zuwendung zum Reich des Sohnes und des Lichtes. Dennoch läßt sich gerade dem Saulus-Paulus keine Weltfremdheit nachsagen. Er hat so ziemlich alles erlebt und erlitten, was Menschen an Entbehrung, Leid und Elend zu ertragen hatten. Er war immer kränklich und ist schließlich für seinen Glauben umgebracht worden – wie viele vor und nach ihm.

Gerade deshalb lag dem Apostel und seinen Schülern daran, Gemeinden zu gründen, zu stärken und für die Zukunft zuzurüsten. Er wollte sie tauglich machen, dem Herrn im sonntäglichen und werktäglichen Leben zu gefallen, gute Werke der Gottes- und der Nächstenliebe zu tun und in der Erkenntnis der Gnade Gottes zu wachsen. Was ihn selbst in seinen Gebeten bewegt, was ihn zu immer neuen Missionsreisen und Kämpfen mit Nörglern und Zweiflern antrieb, erbittet er vor Gott für die Christen im heute türkischen Kolossä.

»Mit Freuden sagt Dank.« Laßt euch immer wieder durchs Herz und den Verstand gehen, was es heißt, den Vater Jesu Christi auf eurer Seite zu haben. Schaut euch die traurigen Existenzen an, die fremde Götter, dämonische Mächte, fragwürdige Idole verehren. Von ihnen ist keine Erlösung oder Hilfe zu erwarten. Diesen dunklen Geistern, die uns auch heute nicht fremd sind, setzt Gott, der Herr, Licht und Weisheit entgegen. Mit der Taufe, würden wir heute sagen, seid ihr den Mächten des Trüben, des Ungewissen, des Bösen schon entzogen. Ihr habt euer Erbteil als Heilige, als Glieder der Gemeinde Jesu schon in der Tasche. Paßt auf – aber ihr seid stark und wachsam genug! –, daß niemand euch dieses Testament streitig macht.

Mein Gebet für euch soll gelten auch im Jahre 2008, wenn es den nächsten 24. Sonntag nach Trinitatis geben wird. Auch in Zukunft laßt euch erleuchten von dem Garanten eures himmlischen Erbes. Jesus hat einst ein Doppeltes gesagt: »Ich bin das Licht der Welt« und: »Ihr seid das Licht der Welt«. Diese Botschaft gilt es zu bewahren und zu bewähren – fröhlich, dankbar und tüchtig.

GEBET: Vater des Lichtes,
erleuchte uns und die Welt, ehe es zu spät ist.
Laß uns ein Licht sein auf dem Wege unserer Familie,
unserer Nachbarschaft, unseres Volkes,
damit Torheit durch Weisheit ersetzt
und Haß durch Liebe überwunden wird. Amen.

LIED: Er weckt mich alle Morgen (EG 452)

Peter Krug

Drittletzter Sonntag im Kirchenjahr

Denn Gott spricht: »Ich habe dich zur Zeit der Gnade
erhört und habe dir am Tage des Heils geholfen.«
Siehe, jetzt ist die Zeit der Gnade,
siehe, jetzt ist der Tag des Heils.

2. Korinther 6,2

In einer oft gnadenlosen Zeit haben viele Menschen überhaupt vergessen, was Gnade ist. Meist kennt man das Wort
nur noch aus Strafprozessen oder aus Filmen, in denen jemand
um Gnade fleht, wenn eine Waffe auf ihn gerichtet ist. Natürlich, das alles hat auch mit Gnade zu tun. Aber daß der Zusammenhang von Gnade und unverdientem Leben und Glück das
Zentrum ist, das rückt man gerne an den Rand des Lebens, das
sich auf Leistung, Mühe, Arbeit und Erfolg gründet.

Aus der Gnade leben heißt wissen, daß ein erfülltes Leben
nichts anderes als ein unverdientes Geschenk ist. Man mag sich
noch so anstrengen, ob unser Leben sinnvoll ist und uns die
Lebenserfahrungen glücklich machen – das hat niemand in seiner Hand. Mehr noch: Die Würde des Menschen, die Unver-
letzlichkeit seiner Gefühle, seines Leibes und seiner Seele, die
Freiheit seiner Gedanken – all das hängt nicht von seiner Leistung ab, sondern davon, daß er Gottes Bild ist, und davon, daß
Gott sich ihm gnädig zuwendet. Weil seine Würde unverdient
ist, kann er sie auch nicht verlieren. Das ist ein menschenbezo-
gener Kern der Rechtfertigungslehre.

Paulus erinnert seine Mitarbeiter in Korinth in einer sehr
schwierigen Situation der Gemeinde daran, daß sie – wie wir
alle – Gottes Zuwendung empfangen haben und darum nicht
auf Leistungen als alleinige Lebensgrundlage schielen sollen.
Natürlich müssen und dürfen Christen auch etwas leisten; in
Arbeit, Familie, Staat. Auch in der Kirche. Aber das Verhältnis
von Gnade und Leistung muß stimmen. Sobald das, was man
geschafft hat, in einer Art Selbstbeweihräucherung umkippt,

die nicht mehr weiß, daß sie alles nur empfangen hat – dann verachten wir den Tag des Herrn. Aus dem Geschenk des Lebens wird das selbstgemachte Glück, das allen anderen ihre Gaben nicht gönnt, sondern neidet. Das aber wäre der Untergang der Kirche. Sie bestünde aus Menschen, die meinen, sie hätten alles und haben doch nichts als sich selbst. Paulus sieht das genau umgekehrt (2 Kor 6,10).

GEBET: Gott, du erhörst Gebete und hilfst. Dafür danke ich Dir.
Daran spüre ich deine Liebe und Zuwendung.
Du nimmst mich an, trotz meiner Fehler.
Du verzeihst mir meine bösen Gedanken und Taten.
Du hilfst mir, neue Wege zu gehen, die der Liebe nachfolgen.
Ich bitte dich für die vielen Menschen, die in gnadenlosen Verhältnissen leben müssen.
Auch für solche, die mit sich selber kein Erbarmen kennen.
Ich bitte dich für unsere Kirche.
Sie lebt aus der Gnade und vergißt so oft, daß jetzt ihre Zeit ist.
Stärke die Müden, hilf denen, deren Stimme nicht gehört wird und denen niemand beisteht –
durch Jesus Christus, unseren Herrn und Bruder.
Amen.

LIED: Ach, bleib mit deiner Gnade (EG 347, 1–6)

Peter Steinacker

Vorletzter Sonntag des Kirchenjahres

Wir müssen alle offenbar werden vor dem Richterstuhl Christi.

2. Korinther 5,10

Eine »Theologie light« des »lieben Gottes« hat die Gerichtspredigt in der Kirche verstummen lassen. Entgegen den Erwartungen ist die Kirche dadurch nicht glaubwürdiger geworden. Ein gewichtiger Aspekt der biblischen Botschaft von Jesus Christus wurde verdrängt. Nämlich der, daß Jesus Christus, weil er Gott ist, der einzige und alleinige Richter im Himmel und auf Erden ist. So bekennen wir es in jedem Gottesdienst. »Von dort wird er kommen, zu richten die Lebenden und die Toten«. Der Mensch aber – egal, wie er ist und was er tut – ist nie und nimmer Richter Himmels und der Erden – er ist Sünder.

Wenn wir Christen der Welt das Zeugnis schuldig bleiben, daß Christus Richter ist, verkehrt sich das allgemeine Priestertum der Gläubigen zu einem allgemeinen Richtertum. Denn je mehr sich das Bewußtsein von Jesus Christus als dem Richter verflüchtigt, desto gnadenloser gebärden sich die großen und kleinen Richter dieser Welt. Unentwegt sind sie bemüht, ihre kleinen Throne zu besteigen und über andere ein Urteil zu sprechen. Wir leben zu einem guten Teil davon, daß wir uns vergleichen und rechtfertigen, indem wir über die anderen richten.

Der Richtgeist vergiftet das Miteinander. Aus ihm erwächst ein schier unentrinnbarer Kreislauf von Selbstgerechtigkeit und Unbußfertigkeit, der uns, je länger je mehr, müde und bitter macht. Da hilft auch nicht der Ruf nach neuen Werten.

Dieses zerstörerische System des allgemeinen Richtgeistes kann nur im Bekenntnis aufgesprengt werden, daß wir alle offenbar werden vor dem Richterstuhl Christi.

Mit Blick auf Jesus Christus weiß ich: *Ich bin nicht edel, hilfreich und gut. Was gibt mir also das Recht, andere zu richten. Ich bin Sünder.* Gleichzeitig aber glaube ich: *Ich bin nicht verloren, denn Jesus Christus ist Richter.* Nicht die Menschen, nicht die öffentliche Meinung, nicht einmal die Geschichte. Auch nicht mein Ehepartner, meine Eltern, meine Kinder. Auch ich selbst bin nicht Richter über mich. Christus allein ist Richter. Und er ist nicht gekommen, mich hinzurichten, sondern herzurichten.

Kurt Marti hat in seinem Gedicht »hölle himmel« gesagt:

Ich glaube nicht an die hölle enggläubiger christen
Ich glaube nicht an die hölle bornierter fundis
doch bleibt mir im ohr, was ein kluger jude gemurmelt:
»es muß eine hölle geben – wo wäre sonst hitler?
es muß einen himmel geben – wo wären sonst die vergasten?«
ich glaube daß schmerz und gedächtnis heilig
ich glaube daß sie weltenschwer wiegen
auf der waage des höchsten und des gerechten

(aus: Kurt Marti, Gott gerneklein. © 1995 by Radius-Verlag, Olgastr. 114, 70180 Stuttgart, S. 67)

Nicht wir hantieren an dieser Waage des Höchsten und Gerechten. Wir werden selbst gewogen. Im Glauben wissen wir, daß Jesus Christus an dieser Waage steht. Er weiß, daß ich Sünder bin. Und trotzdem rechnet er mit mir hier in dieser Welt und mit meiner kleinen Kraft, für seine Gerechtigkeit und seine Barmherzigkeit, sein Erbarmen und seinen Frieden einzutreten.

GEBET: Wer sind wir, wo stehen wir, worin haben wir versagt? Auf solche Fragen suchen wir Antwort.
Wir werden sie nicht finden ohne dich, Gott,
ohne dein richtendes und rettendes Wort.
Darum bitten wir dich: Komm und sprich zu uns.
Hilf uns die Wahrheit erkennen und annehmen, die Wahrheit unserer Schuld und die Wahrheit deiner Gnade.
Wir bitten dich im Vertrauen auf Jesus Christus,
vor dessen Richterstuhl wir alle offenbar werden.
Amen.

LIED: Wir warten dein, o Gottes Sohn (EG 152)

Louis-Ferdinand v. Zobeltitz

Buß- und Bettag

Gerechtigkeit erhöht ein Volk;
aber die Sünde ist der Leute Verderben.

Sprüche 14,34

Diesen Spruch wünschte ich mir am alten Berliner Reichstag, dem neuen Bundestag. Vielleicht sogar über dem Haupteingang, wo jeder ein- und ausgehen muß. Er würde in guter Weise ein Ziel mit einer Mahnung verbinden. Die Volksvertreter könnten nach oben schauen und die praktische Gesetzgebung an dem großen Maßstab der Gerechtigkeit messen. Sie könnten auch zurückschauen auf das Verderben, das durch die Sünde der Herrschsucht angerichtet wurde. Und dazu sagen: Wir wollen nicht, daß das Recht jemals wieder mit Füßen getreten wird.

Ein Ansporn zur Umkehr könnte solch ein Spruch in der Öffentlichkeit sein, je nachdem, in welche Sackgasse man sich verrannt hat als Regierung oder Opposition. Denn keiner wird vor sich und vor Gott sagen können, daß er die Gerechtigkeit schon erreicht hat, die ein Volk erhöht. So wie der Prophet Jesaja einst, als die Assyrer kamen, die Gerechtigkeit dem Volk Israel vor Augen gestellt hat, nämlich nicht als Streben nach absoluter Sicherheit, sondern als Vertrauen auf Gottes ausgestreckte Hand: »Der Gerechtigkeit Frucht wird Friede sein, und der Ertrag der Gerechtigkeit wird ewige Stille und Sicherheit sein« (Jes 32,17). Der Bogen wird schließlich in unserer christlichen Tradition durch Jesu Gleichnis vom Weltgericht (Mt 25,31–46) noch weiter gespannt: Das Leben wird durch das Tun der Gerechtigkeit hervorgebracht oder verfehlt. Die eigentliche Sünde ist die Gottesferne jedes einzelnen.

Vielleicht kann man die Tiefendimension des Spruches nicht auf Anhieb vermitteln, aber eine Ahnung davon, was Gerechtigkeit meint, wahrscheinlich doch: alle Ausübung von Macht muß vor Gott verantwortet werden; alle Rassen und Völker sind gleichwertig; die Menschenrechte sind von Gott gegeben; Gott liebt seine Schöpfung. Unser Volk könnte sich sehr wohl daran messen lassen. Deshalb wünsche ich mir den Spruch über dem Eingang unseres neuen Bundestages.

GEBET: Gerechter und barmherziger Gott,
du hast uns gesagt, was gut ist und was böse ist;
wir aber sind unsere eigenen Wege gegangen.

Du willst, daß Gerechtigkeit herrscht;
wir aber wirken an Ungerechtigkeiten mit.

Du willst, daß allen Menschen geholfen wird;
wir aber lassen uns ungern helfen.

Vergib uns unsere Schuld, laß uns umkehren zu dir,
gib den Richtern Weisheit, Recht zu sprechen;
gib den Lehrern Mut, Wahrheit zu vermitteln;
gib den Politikern Kraft, Frieden zu halten.
Laß uns im Vertrauen auf dich dein Volk sein und
bleiben. Amen.

LIED: Wach auf, wach auf du deutsches Land
(EG 145, 1.2.4.7)

Rolf Koppe

Ewigkeitssonntag

*Laßt eure Lenden umgürtet sein
und eure Lichter brennen.*

Lukas 12,35

»Ein Christ ist immer im Dienst«, hieß es früher. In Zeiten knapper Kassen ist diese These bei kirchlichen Bediensteten ein Problem, denn wie verträgt sie sich mit Teilzeitarbeit und Nebentätigkeiten? Doch jenseits aller Dienstzeitberechnungen hält dieser Satz im Gefolge des Wochenspruches eine tiefe Wahrheit fest, denn Christen haben wirklich immer Dienst, genauer: *Bereitschaftsdienst.*

Christen warten, leben und arbeiten ihrem Herrn entgegen. Sie glauben und wissen: So gewiß Gott in Jesus Mensch geworden ist, so gewiß wird er am Ende der Zeit wiederkommen und alle Welt endgültig erlösen. Christen rechnen aber auch damit, daß Jesus ihnen täglich neu begegnet, zum Beispiel in hilfebedürftigen Nächsten. Christen wissen, daß mehr denn je ihre Bereitschaft und Fähigkeit gefragt ist, Auskunft über ihren Glauben zu geben.

Wissen wir Christen das alles wirklich so genau?

Realistisch gesehen leider nicht. Um so wichtiger ist es, den Wochenspruch so zu verstehen, daß deutlich wird: Hier geht es um den grundsätzlichen *Bereitschaftsdienst* aller Christen im Sinne des allgemeinen Priestertums aller Gläubigen, aller Getauften. Es geht darum, daß Christsein keine Nebenbeibeschäftigung ist. Jenseits aller Endzeitspekulationen weist uns der Wochenspruch auf den mit der Taufe gegebenen, andauernden Auftrag aller Christen zum Zeugendienst hin.

Jesu Mahnung ergeht vor dem Hintergrund der Endzeiterwartung. Doch sie zielt auf die Gegenwart, auf die Zeit bis zum Ende aller Zeit, auf die Zeit der Kirche, die in seinem Auftrag die Botschaft vom *Bereitschaftsdienst* aller Christen auszurichten hat. Jesus fordert von seiner Kirche die umfassende Bereit-schaft zu Zeugnis und Dienst in seinem Namen. Deshalb sind Christen – egal, ob sie haupt-, neben- oder ehrenamtlich oder (noch) nicht in seiner Kirche mitarbeiten – wirklich immer im Dienst.

Jesus fordert viel. Er will uns ganz für diesen Dienst gewin-nen. Doch Jesus gibt auch viel. Er hat sich selbst für uns gege-ben, damit wir mit Gott versöhnt leben können – jetzt und alle Zeit, bis hin zur Geborgenheit in Gottes ewigem Reich. Diese Hoffnung unseres Glaubens zu bezeugen, darum geht es – nicht nur am Ewigkeitssonntag. »Seid allezeit bereit zur Ver-antwortung vor jedermann, der von euch Rechenschaft fordert über die Hoffnung, die in euch ist.« (1 Petr 3,15).

GEBET: Herr Jesus Christus,
         wir danken dir, daß du bereit gewesen bist,
         uns zu dienen – bis zuletzt.
         Wir bitten dich: Mache uns bereit
         zu Zeugnis und Dienst in deinem Namen.
         Schenke uns Kraft und Beistand deines Heiligen
         Geistes,
         damit wir deinen Auftrag erfüllen können. Amen.

LIED: Herr, mach uns stark im Mut, der dich bekennt
         (EG 154)

Manfred Sorg

Totensonntag

Lehre uns bedenken, daß wir sterben müssen,
auf daß wir klug werden.

Psalm 90,12

Klugheit gehört nicht zu den menschlichen Stärken. Schon ein oberflächlicher Blick auf das Weltgeschehen – und vielleicht auch auf uns selbst – wirkt ernüchternd. Noch nie hat die Menschheit über so viel Wissen und Macht verfügt. Dennoch geschehen unglaubliche Torheiten. Wissenschaft und Weisheit sind verschiedene Dinge. Wie werden Menschen klug? Das Psalmwort verweist auf die Notwendigkeit des Bedenkens. Wir wissen, daß wir sterben müssen. Aber ist diese Gewißheit auch genügend bedacht?

Klugheit entsteht an Grenzerfahrungen. Wer seine Kräfte überschätzt, fällt auf die Nase. Wer seine Freiheit überzieht, weckt den Zorn der anderen. Niemand ist allmächtig. Diese Erkenntnis ist heilsam. Sie zerstört den Wahn, der meint, über Zeit und Dinge unbegrenzt verfügen zu können. Besonders störend ist der Gedanke an das Sterben. Er wird deshalb tunlichst vermieden. Dennoch, irgendwann werden wir alle radikal enteignet. Das hatte der reiche Kornbauer im Gleichnis Jesu nicht bedacht. Darum heißt es von ihm: »Du Narr! Diese Nacht wird man dein Leben von dir fordern ...«

Die Erinnerung an die Grenze macht bescheiden. Sie lehrt, vieles im Leben »bedächtiger« und daher anders zu gewichten. Und doch ist diese Erinnerung allein nicht ausreichend. Grenzen können auch wahnsinnig machen. Ohne den Blick nach draußen verkümmert die Klugheit. Deshalb muß die Erinnerung an den Tod von der Erinnerung an Gott begleitet sein. Sonst wird sie »tödlich«. Klugheit braucht Augen für das Wunder, das dankbar macht. »Was sind wir doch? Was haben wir auf dieser ganzen Erd, das uns, o Vater, nicht von dir allein gegeben werd?« Plötzlich wird »Gnade« sichtbar und wie sehr wir auf sie angewiesen sind. Leben ist Geschenk, nie Besitz. Daher kann der Glaube an Gott, den Schöpfer, auch die Todesgrenze anerkennen. Denn Gott ist Herr auch unserer Grenzen. Ostern ist dafür das stärkste Zeugnis. Klugheit braucht beides: die Grenzerfahrung und die Hoffnung.

Wir gedenken der Entschlafenen. Das ist mehr als ein Zeichen der Ehrerbietung. Es ist Ausdruck der Dankbarkeit, der Hoffnung, der bleibenden Gemeinschaft auch über die Grenze des Todes hinweg. Nicht zuletzt aber ist dieses Gedenken, sofern es recht geschieht, eine Bitte um Klugheit, so wie der Wochenspruch sie ausspricht.

GEBET: Herr, nichts macht uns unsere Armut auf dieser Erde so bewußt wie das Sterben.

Wir beklagen den Verlust von vielen Menschen, die uns lieb waren.

Wir selber werden unser Leben in deine Hände zurückgeben müssen.

Mache uns reich durch die Hoffnung auf neues Leben aus deiner Hand. Amen.

LIED: Jesu, hilf siegen (EG 373)

Gottfried Brakemeier

Autorenverzeichnis

EDUARD BERGER, Bischof der Pommerschen Ev. Kirche

HERMANN BESTE, Landesbischof der Ev.-Luth. Landeskirche Mecklenburgs

DR. GOTTFRIED BRAKEMEIER, ehem. Kirchenpräsident der Ev. Kirche Augsburgischen Bekenntnisses in Brasilien

EBERHARD CHERDRON, Kirchenpräsident der Ev. Kirche der Pfalz (Protestantische Landeskirche)

DR. KLAUS ENGELHARDT, Bischof i.R. der Ev. Landeskirche in Baden

DR. JOHANNES HEMPEL, Landesbischof i.R. der Ev. Luth. Landeskirche Sachsens

WALTER HERRENBRÜCK, Landessuperintendent der Ev.-ref. Kirche (Synode ev.-ref. Kirchen in Bayern und Nordwestdeutschland)

HEINRICH HERRMANNS, Landesbischof der Ev. Luth. Landeskirche Schaumburg-Lippe

D. HORST HIRSCHLER, Landesbischof der Ev.-luth. Landeskirche Hannovers

ROLAND HOFFMANN, Landesbischof der Ev.-Luth. Kirche in Thüringen

PROF. DR. WOLFGANG HUBER, Bischof der Ev. Kirche in Berlin-Brandenburg

MARIA JEPSEN, Bischöfin in der Nordelbischen Ev.-Luth. Kirche (Hamburg)

HELGE KLASSOHN, Kirchenpräsident der Ev. Landeskirche Anhalts

DR. CHRISTOPH KLEIN, Bischof der Ev. Kirche Augsburgischen Bekenntnisses in Rumänien

DR. HANS CHRISTIAN KNUTH, Bischof in der Nordelbischen Ev.-Luth. Kirche (Schleswig)

MANFRED KOCK, Präses der Ev. Kirche im Rheinland, Vorsitzender des Rates der EKD

KARL LUDWIG KOHLWAGE, Bischof in der Nordelbischen Ev.-Luth. Kirche (Holstein-Lübeck)

D. ROLF KOPPE, Leiter der Ökumene- und Auslandsarbeit der EKD

CHRISTIAN KRAUSE, Landesbischof der Ev.-luth. Landeskirche in Braunschweig

PROF. D. GEORG KRETSCHMAR, Bischof der Ev.-luth. Kirche in Rußland, der Ukraine, Kasachstan und Mittelasien

PETER KRUG, Bischof der Ev.-Luth. Kirche in Oldenburg

DR. MARTIN KRUSE, Bischof i.R. der Ev. Kirche in Berlin-Brandenburg

DR. HARTMUT LÖWE, Bischof und Bevollmächtigter des Rates der EKD bei der Bundesrepublik Deutschland

D. HERMANN VON LOEWENICH, Landesbischof der Ev.-Luth. Kirche in Bayern

PROF. D. EDUARD LOHSE, Landesbischof i.R. der Ev.-luth. Landeskirche Hannovers

PROF. DR. GERHARD MÜLLER, Landesbischof i.R. der Ev.-luth. Landeskirche in Braunschweig

AXEL NOACK, Bischof der Ev. Kirche der Kirchenprovinz Sachsen

GERRIT NOLTENSMEIER, Landessuperintendent der Lippischen Landeskirche

EBERHARDT RENZ, Landesbischof der Ev. Landeskirche in Württemberg

NIKOLAUS SCHNEIDER, Vizepräses der Ev. Kirche im Rheinland

DR. WILHELM SIEVERS, Bischof i.R. der Ev.-Luth. Kirche in Oldenburg

MANFRED SORG, Präses der Ev. Kirche von Westfalen

PROF. DR. PETER STEINACKER, Kirchenpräsident der Ev. Kirche in Hessen und Nassau

MAG. HERWIG STURM, Bischof der Ev. Kirche A.B. in Österreich

KLAUS WOLLENWEBER, Bischof der Ev. Kirche der schlesischen Oberlausitz

PROF. DR. CHRISTIAN ZIPPERT, Bischof der Ev. Kirche von Kurhessen-Waldeck

LOUIS-FERDINAND VON ZOBELTITZ, Pastor und Schriftführer in der Bremischen Evangelischen Kirche

Predigt und Liturgie im Kirchenjahr

Evangelisches Tagzeitenbuch

4., völlig neu gestaltete Auflage 1998.
Herausgegeben von der Evangelischen Michaelsbruderschaft
Musikalische Bearbeitung: Godehard Joppich.
Redaktionskreis: Reinhard Brandhorst, Günther Hinz, Hans Mayr, Johann-Friedrich Moes, Herbert Naglatzki, Alexander Völker.
960 Seiten, Dünndruckpapier, beschichteter fester Einband, 15 x 21,2 cm, zwei Beilagen, Zeichenbänder.
ISBN 3-525-60286-3
Gemeinsam mit dem Vier-Türme-Verlag, Münsterschwarzach

Das Evangelische Tagzeitenbuch der Michaelsbruderschaft ist in Jahrzehnten zu einem Klassiker des Singens, Betens und Bibellesens im Kirchenjahr und zu den Tageszeiten geworden. Hier liegt nun das Ergebnis einer zwanzigjährigen ökumenischen Neubearbeitung vor.

Es bietet einen Kalender, eine Gebetssammlung, ausgeführte Liturgien, klassische Stundengebete, ein vierfaches Tagzeitengebet, einen Betsingpsalter, Responsorien, dazu Benedictus und Magnificat, viele alternative biblische Cantica und ein Register.

Meditative Zugänge zu Gottesdienst und Predigt

16 Bände (Predigttextreihe I-VIII) und Einführungsband „Meditation und Gottesdienst" in einer Kassette.
Herausgegeben von Gerhard Ruhbach, Anselm Grün und Ulrich Wilckens.
1990-1998. Ca. 3.000 Seiten, kartoniert, Sonderpreis
ISBN 3-525-60280-4

„Die Reihe bringt eine Fülle von Anregungen auch als Vorbereitungshilfe für andere Veranstaltungen der Gemeindearbeit: praktische Konkretionen, die Einladung der Predigthörer zu Metaphermeditationen, erdachte Gespräche mit dem Verfasser des Predigttextes, Bildbetrachtung, aber auch Erlebniswissen aus der Arbeit in Meditationskursen, Literaturbeispiele und Kurzerzählungen."
F. Krause, Theologische Literaturzeitung

V&R
Vandenhoeck & Ruprecht

Dienst am Wort

Die Reihe für Gottesdienst und Gemeindearbeit.
Bei Subskription der Reihe erhalten Sie ca. 10% Ermäßigung.

Vandenhoeck
& Ruprecht